Diogenes Taschenbuch 55/x

de
te
be

Federico Fellini

I Vitelloni

(Die Müßiggänger)
Idee und Drehbuch von
Federico Fellini
in Zusammenarbeit mit
Tullio Pinelli und
Ennio Flaiano

Mit 56 Fotos

Diogenes

Herausgegeben von Christian Strich

Das Treatment erschien erstmals
in ›Cinema‹, Nr. 99/100, 15.–31. 12. 1952

Deutsche Erstausgabe

60/77/E/1
ISBN 3 257 20318 7

Inhalt

Treatment

Warum tun sie den ganzen Tag nichts?
Das wissen nicht einmal sie selber.
Vorläufig, weil jeder von ihnen jemanden hat, der ihn, wohl oder übel, unterhält: einen Vater, eine Mutter, eine Schwester, eine Tante. Eine Familie, mit einem Wort. In der Familie ißt man, schläft man, wird man eingekleidet, und man schafft es sogar, ein bißchen Geld für Zigaretten und Kino lockerzumachen. Ferner, weil keiner von ihnen so recht weiß, was er eigentlich tun möchte. Die kleinen Arbeiten, die kleinen Beschäftigungen, die das Provinzstädtchen ihrer kümmerlichen Ausbildung bieten könnte, verschmähen sie. Sie haben irgendwas zu lernen begonnen, sind damit aber nicht weit gediehen. Sie besitzen keine Begabung für irgend etwas Besonderes; sie erwarten stets einen Brief, ein Angebot, einen Zufall, der sie in einem unbestimmten, ehrenvollen und einträglichen Auftrag nach Rom oder Mailand brächte; und beim Warten sind sie an die dreißig Jahre alt geworden, der eine etwas älter, der andere jünger; sie verbringen den Tag mit Gesprächen und kleinen Streichen, die Schulbuben anstünden, und sie produzieren sich in den drei Monaten der Badesaison, deren Erwartung und Erinnerungen das ganze restliche Jahr einnehmen. Sie sind die Müßiggänger des Bürgertums. Die Muttersöhnchen. Die ›großen Kälber‹, die ›Vitelloni‹.

»Einsam wandre ich durch die Stadt . . .«

Galaabend im Garten des Tennisvereins mit Misswahl ›Sirena 1952‹ und der besonderen Teilnahme einer ›berühmten‹ Filmschauspielerin, die aus Rom gekommen ist. Die Badesaison neigt sich ihrem Ende entgegen; Abendanzug ist vorgeschrieben, und der Garten ist total überfüllt.
Auf dem Podium singt ein untersetzter, dunkelhaariger junger Mann mit großen sentimentalen Augen voller Gefühl den gefühlvollen Schlager. Ein leichtes aufgeregtes Zittern verrät in dieser Stimme den Amateursänger, den das Mikrophon verwirrt: es ist Riccardo, einer unserer ›Vitelloni‹. Seine täglichen Gefährten, Fausto, Alberto und Leopoldo – alle drei im dunklen Anzug – sind natürlich im Publikum; sie hören zu und hänseln halblaut den alten Kellner Antonio, die gewohnte ergebene Zielscheibe ihres Witzes bei Besuchen des Billard-Cafés an der Piazza. Moral-

do der fünfte der Gruppe, steht ein bißchen abseits und trägt unsicher ein Sportjackett zur Schau. Ein Donnergrollen in der Ferne und einige feuchte Windstöße zwingen die Veranstalter, schnell zur Kür der Miss Sirena voranzuschreiten. Ein hübsches Mädchen, rundlich und vor Aufregung schwitzend, wird auf das Podium geschoben. Die berühmte Filmschauspielerin umarmt sie, die Leute klatschen, die ersten Regentropfen beginnen zu fallen. Die Neugewählte ist Sandra, Moraldos Schwester, und die vier Freunde machen einen Riesenwirbel. Dann rennt alles Hals über Kopf vor dem rauschenden Regen davon. Alle flüchten sich in den Pavillon, in dessen düsterer Öde noch die Gerüste des letzten Blumenkorsos aufeinandergeschichtet liegen. Im Gedränge wird Sandra von einem plötzlichen Unwohlsein erfaßt; und während sie sich zwischen der Mutter und dem Arzt in dem Abstellraum erholt, in den sie gebracht worden war, beginnt sie zu schluchzen und sagt ein paarmal: »Ich will sterben, ich will sterben ...« Fausto, der schöne Fausto, der athletische Fausto, der Held des Badestrandes hat sich heimlich davongemacht. Sein Vater sieht ihn ein wenig atemlos zu Hause ankommen. Faustos Vater ist Maurermeister, der nicht aufgehört hat, die Kelle und die Sprache des Volkes zu benutzen. Dieser faule und elegante Herr Sohn paßt ihm nicht, und der plötzliche Entschluß, auf Arbeitssuche nach Mailand zu fahren, wie Fausto ihm eröffnet, macht ihn argwöhnisch. Und wirklich, es klingelt jemand. Es ist Moraldo. Draußen, im Schatten des gegenüberliegenden Hauses, sind die anderen drei geblieben und warten. Moraldo ist ein melancholischer, stiller Typ, der für Fausto grenzenlose Bewunderung hegt; er ist ein bißchen abhängig von ihm, und Fausto hat daraus immer unbefangen seinen Nutzen gezogen. Jetzt, allein einander gegenüber, setzen sich die beiden Freunde auseinander. »Und Sandra?« fragt ernst, aber ohne Groll Moraldo, als er erfährt, daß Fausto verreisen will. Fausto wird pathetisch: »Versuch mich doch zu verstehen, Moraldo ... Es ist Schicksal gewesen ... Ich will's ja wiedergutmachen ... Aber wie mach ich das? ... Ich bin arbeitslos wie du, darum gehe ich nach Mailand ... Sobald ich eine Stelle gefunden habe, komme ich wieder ... Glaubst du mir nicht?« »Ich habe nichts gesagt«, antwortet Moraldo mit seinem üblichen kleinen traurigen Lächeln. Und Fausto glaubt bereits, die Situation brillant gemeistert zu haben. Aber sein Vater hat gehorcht und tritt ihm mit der heiligen

Entrüstung des Biedermannes und der Derbheit des Mannes aus dem Volke entgegen. Sandras Vater ist ein wohlbekannter, ehrenwerter Kaufmann, und Sandra ist ein anständiges Mädchen. Der Maurermeister bricht in eine Reihe pittoresker Beschimpfungen aus, die von ein paar Ohrfeigen begleitet werden. »Und jetzt heiratest du sie, du falscher Fuffziger!« schließt er. Und in seiner Stimme liegt auch gut hörbar der Hohn für dieses Rindvieh von Sohn, der sich von einer Frau hat in die Tasche stecken lassen.

Faustos Hochzeit spielt sich nach allen Regeln der Gewohnheit ab. Brautzug, Verwandte, Festreden, Musik und Gesang in der Kirche (Riccardo singt) und Abschlußempfang vor dem Aufbruch zur Hochzeitsreise. Sandra ist glücklich, Fausto ist aufrichtig gerührt. Er kommt sich als der Held in einer wunderschönen Zeremonie vor. Dann reisen die beiden Brautleute nach Rom ab, und ein plötzliches Gefühl der Verwirrung und Einsamkeit befällt die vier Freunde, die ohne Anführer zurückgeblieben sind. Der Abend um den Billardtisch verläuft trostloser als gewöhnlich. »Ich bin meinem Temperament nach nicht für eine Bindung gemacht«, sagt mit einem Mal Leopoldo. »Aber wenn ich heiraten müßte, würde ich eine Reise, ich weiß nicht, nach Afrika machen, in Fühlung mit der Natur wie Hemingway ...« Leopoldo ist der Komödienschreiber. Der Dichter. »Aber auch Indien ...«, bemerkt Moraldo träumend. »Wollt ihr wissen, wer eine schöne Hochzeitsreise machen wird?« gibt Alberto zurück. »Er ...«, und er zeigt auf den sechzigjährigen Antonio, der beim Tischeordnen auf seinen Plattfüßen vorbeischlurft. Alberto ist das große Spielkalb, ein dicker Junge mit den hellen Augen eines Verhexten und der Mentalität eines Dreizehnjährigen. Und was sollen sie jetzt machen? ... Die vier bringen einander nachhause, durch die dunklen und menschenleeren Straßen des Städtchens, das schon eine Weile schläft. Sie springen auf die Prellsteine vor dem Dom, sie hauen sich auf die Schultern, sie könnten auf Haustürklingeln drücken, aber sie haben diesen Abend keine Lust dazu. Sie trennen sich.
Riccardo betrachtet in seinem Zimmer prüfend seinen Bauch im Profil vor dem Spiegel: er wird leider fett. Alberto gibt der Mama einen Kuß, sie schläft nie ein, wenn ihr großer Sohn noch nicht wieder zu Hause ist; er begrüßt liebevoll seine Schwester

Olga, die noch auf der Schreibmaschine tippt (sie ist es, die die Familie unterhält); und er schläft schlagartig ein, das Lächeln der Unschuld auf den Lippen. Leopoldo, der Dichter, macht sich daran, den zweiten Akt seiner Komödie zu beenden. Er schraubt den Füllfederhalter auf, zeichnet eine Blume ... und geht ans Fenster. Mit einer langen Stange klopft er an die Läden des Fensters gegenüber, jenseits des kleinen Hofes, der einem Brunnenschacht ähnelt; und er beginnt sein nächtliches Gespräch mit dem Dienstmädchen dieser Familie dort. Moraldo zögert, nach Hause zu gehen. Er ist der Unruhigste, der Zerquälteste. Er denkt wirklich daran wegzugehen, aber es fehlt ihm die Kraft, es ernstlich zu tun. Nun begegnet er an der Haustür wie gewöhnlich dem kleinen Jungen, der bei Tagesanbruch den Dienst auf dem Bahnhof beginnt. Er ist eine Art Wichtelmännchen, fröhlich und auf seine Art glücklich. Er geht arbeiten, als ginge er spielen. Er bittet Moraldo um ein Streichholz und wechselt mit ihm wenige herzliche Worte. »Gute Nacht«, sagt Moraldo zu ihm. »Guten Tag«, antwortet der andere ohne Bosheit. Und Moraldo, ein bißchen verwirrt, folgt ihm mit dem Blick. Ein paar Tage darauf gerät die Bande in Bewegung. Es hat sich unerwartet die Möglichkeit ergeben, das Auto von Riccardos Vater zu verkaufen, einen riesigen Isotta Fraschini, der seit Jahren friedlich in einem Schuppen stand. Riccardo ist außer Rand und Band; mit dem Anteil, den sein Vater ihm versprochen hat, wird er nach Rom gehen, und er sichert seinen Freunden Belohnungen zu, wenn sie ihm helfen. Das erkorene Opfer ist ein dicker, mißtrauischer Viehhändler. Ihn und seine Frau laden sie auf das wacklige Gefährt, das die Jungs ungläubig und freudig ans Licht gezogen hatten, und brechen alle miteinander auf. Riccardo sitzt am Steuer, Alberto übermittelt ihm von drinnen Ratschläge und Furztöne durch die kleine Sprechanlage. Leopoldo versucht, die mit Juwelen behängte und schwitzende Signora mit erotischen Reden zu betören. Und das Auto kommt ruckelnd und fauchend auf 40 Kilometer pro Stunde. Riccardo ist ein bißchen in Sorge, denn wenn er den zweiten Gang einlegt, bleibt das Auto stehen; und weil er nicht wenden kann, fährt er eine weite Kurve durch die Umgehungsstraße, ungeachtet der Proteste des Händlers, der genug hat und aussteigen möchte. Das Auto wagt sich unvorsichtigerweise auf die Geleise der lokalen Kleinbahn und bleibt mit einem langen Seufzer genau mitten auf den Schienen stehen. Riccardo flucht und versucht vergeblich, es wieder in Bewegung zu setzen; und unterdessen sichtet von drinnen jemand den Zug. Panik ergreift alle. Wilde Szenen spielen sich ab, denn eine Tür klemmt und alle drängen sich verzweifelt durch die einzige benutzbare Öffnung. Der Zug pfeift, der Lokomotivführer legt sich ins Zeug, die Bremsen quietschen, und die Lokomotive hält einen halben Millimeter vor dem Kotflügel des Isotta. Die Signora ist schon eine Weile ohnmächtig.

Besiegt und niedergeschlagen schlendern die vier Vitelloni jetzt über den verlassenen Strand, den Schauplatz ihrer sommerlichen Unternehmungen. Vom fahlblauen Meer kommt ein unangenehmer eisiger Wind herüber. Die vier Taugenichtse schubsen sich fußballspielend gegenseitig ein Stück Holz zu, Alberto nimmt eine Muschel auf und beginnt, im Spiel einem Hund nachzulaufen. Er meint ihn zu kennen, diesen Hund, und tatsächlich kennt er ihn. Der Hund holt ein Pärchen ein, das sich ein bißchen weiter weg versteckt hat: und Alberto findet sich unversehens seiner Schwester gegenüber. Olga ist kein ganz junges Mädchen mehr, aber noch schön, energisch und zielbewußt: sie hat lernen müssen, so zu sein, um leben zu können. Ihrem Bruder gegenüber gerät sie nicht allzu sehr aus der Fassung, sie empfindet kaum eine leichte Verlegenheit. Sie grüßt ihn und entfernt sich mit ihrem Begleiter. Alberto fehlen die Worte. Die Freunde, die es gesehen haben, tun so, als hätten sie nichts gesehen; keiner sagt etwas. Alle kennen den, mit dem Olga zusammen war, ganz genau: einen verheirateten Mann, dessen Geliebte Olga ist. An diesem Abend kommt Alberto früher als gewöhnlich nach Hause. Er bezieht im Zimmer seiner Schwester Stellung und wartet auf sie. Als Olga heimkehrt, findet zwischen den beiden eine fast gewalttätige Szene statt. Olga lehnt Erklärungen ab und will nicht, daß ihr Bruder sich in ihre Angelegenheiten mischt. »Warum arbeitest du, du glaubst wohl, du kannst machen, was dir paßt?« schreit Alberto, nicht ohne einen Schuld- und Minderwertigkeitskomplex in der Stimme, die durch die Erregung entstellt ist. »Ja ...«, antwortet Olga gereizt. Alberto fängt an zu drohen: »Wenn du Mamachen noch einmal Kummer machst! ...« Der Gedanke, daß seine Mutter leiden könnte, macht ihn verrückt. »Hinaus! Geh weg!« bricht Olga das Gespräch ab und setzt ihn vor die Tür. Aber sie bleibt nachdenklich und betrübt. Und das gewohnte Leben umschließt sie wieder alle beide mit seinen Merkmalen grauer Monotonie.

Aber eines Tages kehrt schließlich Fausto zurück. Er kehrt zurück und macht sich sogleich eilig auf die Suche nach den Freunden, als sollte alles wie früher von neuem beginnen. Und seine Freunde bereiten ihm einen triumphalen Empfang; unter anderem gibt es eine große Neuigkeit: Fausto hat sich einen Schnurrbart stehen lassen. Nun, alles verliefe bestens – Sandra ist glücklich, ihre Eltern sind zufrieden, Fausto selber, der ins Haus seiner Schwiegereltern gezogen ist, fühlt sich in seiner neuen Lage wohl – wenn es Sandras Vater nicht in den Sinn käme, für den Schwiegersohn eine Beschäftigung zu suchen. Er ist ein Freund von Signor Michele, der seit Menschengedenken Besitzer eines sehr gut gehenden Devotionaliengeschäfts mit Statuen, Statuetten, Kerzenleuchtern und Weihwasserbecken ist und alle kirchlichen Einrichtungen der Provinz damit beliefert. Signor Michele stellt, um seinem Freund einen persönlichen Gefallen zu tun, Fausto als Verkäufer ein. Weil eine bestimmte Aufgabe fehlt, unterstellt er ihn seiner Frau, der Signora Giulia, die die Buchhaltung und das Lager führt. Fausto wird sich darauf beschränken müssen, ihr zu helfen und das Einladen und Ausladen der Ware zu überwachen.

Und der schöne Fausto nimmt den Dienst mit derselben Begeisterung auf, mit der die kleinen Jungen am Ende der Ferien wieder zur Schule gehen. Er fühlt sich als Opfer; und wenn er an seine Freunde denkt, die noch schlafen oder gerade Billard spielen, spürt er einen Knoten im Hals. Er bummelt in seliger Verantwortungslosigkeit zwischen den Kisten und Heiligenfiguren herum und versucht nicht einmal, seine grenzenlose Lust, nichts zu tun, zu verschleiern. Die anderen vier kommen hin und wieder an dem Laden vorbei und hänseln ihn; und ab und zu kommt auch, das kleine Töchterchen an der Hand, sein Vater vorbei, voller verwunderten Respekts vor dem Sohn, der endlich ›arbeitet‹. Der abendliche Ladenschluß ist die Stunde der Befreiung; normalerweise kommt Sandra, verliebt und heiter, um ihren schönen Gatten abzuholen, und Fausto sieht sie erscheinen wie den Engel des Heils. Eines Abends hat Sandra, anstatt, alle Bekannten grüßend, Arm in Arm auf dem Corso zu spazieren, Lust, ins Kino zu gehen. Sie hat von ihrer Mutter etwas Geld bekommen und bezahlt die Karten. Dann genießt sie die Vorführung, wobei sie Faustos Arm festhält und von Zeit zu Zeit ihren Kopf gegen seine Schulter lehnt. Aber neben Fausto, auf die andere Seite, hat sich eine hübsche, elegante Dame gesetzt. Allein. Fausto reckt unmerklich den Hals. Sofort wittert er aus Instinkt etwas in der Haltung und dem sinnlichen Gesicht der Frau, was auf Glück hoffen läßt. Die Dame bittet ihn, ohne ihn anzusehen, um Feuer und läßt die Leinwand nicht aus den Augen. Fausto beginnt mit den Annäherungsversuchen, wobei er seine Frau hin und wieder mit einem Küßchen aufs Haar ablenkt. Er ist ein Lump und unschuldig zur gleichen Zeit. Auf dem Gesicht der schönen Unbekannten erscheint ein ganz leichtes geheimnisvolles Lächeln; zunächst zieht sie den Ellbogen zurück, dann nicht mehr. Schließlich schaut sie mit einem Seufzer auf die Uhr und steht auf. Fausto hat den Kopf verloren. Auch er steht plötzlich auf. Sandra fährt erschrocken zusammen. »Ist dir nicht gut?« fragt sie ihn besorgt mit halblauter Stimme, während Fausto sich schon dem Ausgang zuwendet und dem Nebenmann auf die Füße tritt. »Nichts, nichts, ich komme gleich wieder ...«, stammelt Fausto und verschwindet.

Draußen beginnt die Verfolgung der Dame, die rasch ausschreitet, ohne ihm zu antworten, ohne ihn aber auch zurückzuweisen. Endlich, als sie in einer verlassenen Nebenstraße in ein Haustor eintreten will, wird Fausto zudringlicher. Er schlüpft durch das halbgeschlossene Portal und drückt die hübsche Dame frech in seine Arme und küßt sie, die sich nicht sonderlich energisch wehrt. Als aber Fausto, der alles übrige vergißt, mit ihr hinaufgehen will, widersetzt sich die Frau: »Sind Sie verrückt? ... Ich bin eine Dame ... Das Zimmermädchen ist da ... Gehen Sie, gehen Sie ...« Und drängt ihn hinaus. »Wann werde ich Sie wiedersehen?« beharrt Fausto, dem das Blut zu Kopfe gestiegen ist. »Wenn wir uns wieder begegnen werden ...«, antwortet die Frau ein wenig doppeldeutig. Und das Haustor schließt sich. Nun ordnet Fausto erst einmal wieder seine durcheinandergeratenen Gedanken. Die Sorge um Sandra, die er so unversehens im Kino alleingelassen hat, befällt ihn. Er beginnt zu laufen. Sandra wartet auf dem Bürgersteig auf ihn. Sie sieht ihn eilig herankommen, keuchend, stotternd. »Ein Freund ... es ist einer verreist ... Verzeih mir ... Wie ging der Film aus?« Sandra nimmt ihn schweigend am Arm. Sie hat nicht recht verstanden, sie fürchtet, etwas zu ahnen. Ihr wird plötzlich eiskalt ums Herz, Tränen füllen ihre Augen. Und angesichts dieses stummen Schmerzes, dieses reinen, beinahe flehentlichen Vertrauens, mit dem sie sich an ihn klammert, wird Fausto nun seinerseits gerührt. Er streichelt sie, er spricht zärtlich zu ihr, beruhigt sie: ehrlich in seiner liebevollen Aufmerksamkeit wie in seiner Schurkerei.

Dann vergehen die Wochen, die von einigen Vorkommnissen von kapitaler Bedeutung gekennzeichnet sind: Alberto, der sich hatte einen Schnurrbart wachsen lassen, schneidet ihn wieder ab; Fausto versucht, sich auch Koteletten stehen zu lassen, und Moraldo macht es ihm nach; Riccardo schneidet sie sich ab, und Leopoldo läßt sich ein Cavour-Bärtchen wachsen. Und schließlich kommt man beim Karneval an mit dem großen Maskenball im Stadttheater. Ein Ereignis für die ganze Stadt. Sogar die Frauen, die auf sich halten, gehen hin, folglich geht auch Sandra mit ihrem Mann. Die anderen vier Vitelloni, die Fausto von Herzen beneidet, maskieren sich, außer Moraldo: Riccardo als Musketier, Leopoldo als chinesischer Mandarin, und Alberto, der dieses Jahr einen ganz großen Einfall hatte, als Frau. Um seine Aufmachung zu vervollständigen, hat er ein paar alte Koffer um und um gekehrt. Er hat nicht bemerkt, daß Olga und seine Mutter sich in eine heftige, halblaute Diskussion eingelassen haben.

Später, beim Maskenball, betrinkt er sich. Alle sind ein bißchen beschwipst unter diesen Girlanden aus Luftschlangen, die von der Decke auf das Gewühle herabregnen. Sogar Moraldo, der mit einer Chinesin Fühlung aufgenommen hat. Leopoldo tanzt in den Ecken, die weniger im Blick sind, mit seinem Dienstmädchen und versucht, es zu verheimlichen; und Riccardo bringt es fertig, seine Tänzerin zur Unterbühne zu lotsen. Nur Fausto, der durch die Anwesenheit seiner Frau zur straffesten Haltung gezwungen ist, behält ein trauriges und gelangweiltes Gesicht. Jedoch mit einem Mal, während Sandra mit Moraldo tanzt, fällt ihm ein weiter, schneeweißer weiblicher Ausschnitt auf, ein warmes und etwas erregtes Lachen. Fausto traut seinen eigenen Augen nicht: Signora Giulia, die Frau seines Chefs, die er jeden Tag in ihren schwarzen Kittel eingeschlossen zu sehen gewohnt ist, ist wenige Schritte von ihm entfernt mit einigen Freunden stehengeblieben, und vielleicht, weil sie ein bißchen getrunken hat, vielleicht um sich ihrem Verkäufer gegenüber liebenswürdig zu zeigen, wirft sie ihm lachend eine Handvoll Konfetti ins Gesicht. Fausto ist wie verzaubert von der unerwarteten Enthüllung einer derartig appetitlichen Fraulichkeit. Instinktiv schließt er halb die Augen, spannt die Nasenflügel und verschießt auf die Frau einen Blick, der wer weiß womit geladen ist. Aber schon hat die Signora sich wieder gefaßt; und als Fausto sie zum Tanz auffordert, lehnt sie höflich ab und geht weiter. Fausto verliert sie aus dem Blick; dann muß er Sandra nach Hause zurückbringen. Die letzten, die den großen, verwüsteten und schmutzigen Saal verlassen, sind Moraldo und Alberto. Alberto ist vollkommen betrunken und hält sich mühsam auf den Beinen. Ihn stützend begleitet ihn Moraldo nach Hause. Die Straßen sind nun menschenleer und es tagt fast. Aber vor Albertos Haustür steht ein Auto. Eine Frauengestalt löst sich davon und kommt schnell auf Alberto zu. Es ist Olga, seine Schwester. Sie sagt ihm wenige rasche und aufgeregte Worte: sie hat sich entschlossen wegzugehen, sie hat auf ihn gewartet, um sich von ihm zu verabschieden. Sie legt ihm Mama ans Herz. Und sie sollten ihr nicht zu böse sein. Sie gibt ihm einen Kuß und wendet sich hastig, als fliehe sie, zu dem Auto, in dem ein Mann auf sie wartet. Alberto, grotesk in seiner halb aufgelösten Vermummung, hat empfindungslos zugehört; dann hat er plötzlich, wie durch eine eiskalte Dusche, einen Moment der Klarheit. Auf seinen unsicheren Beinen schwankend, denen die Unterröcke im Weg sind, bemüht er sich, seiner Schwester nachzulaufen, sie beim Namen rufend. Aber der Wagen entschwindet bereits im Dunkel. Also kehrt Alberto um, stürzt die Treppe hinauf, platzt in die Wohnung, sucht seine Mutter. In seinem kindlichen Gemüt ist die Mama alles. Er weint mit ihr, er versucht, sie zu trösten; und sein Eifer ist so groß, daß ihm ein gefährliches Versprechen entschlüpft: »Wir haben sie nicht nötig mit ihrem Geld, du und ich, Mama ... Du wirst sehen! Ich werde arbeiten! ...« »Wirklich, Alberto? ...« stöhnt die arme Frau in einem Anflug von Hoffnung. »Hast du was gefunden?« »Ich werde sehen ...«, murmelt Alberto ein bißchen weniger endgültig und fällt schwer aufs Bett, während seine Mutter in die Küche trottet, um ihm Kaffee zu machen.

Am folgenden Tag nimmt Fausto die Arbeit mit verzagterem Sinn als sonst auf. Er hat das kurze nächtliche Zusammentreffen mit Signora Giulia vollkommen vergessen, so sehr, daß er, als er sie zwischen den Warenverzeichnissen sieht, reserviert, gesetzt, bis zum Hals in den schwarzen Kittel eingeschlossen, die beiden Erscheinungen nicht gleich miteinander in Verbindung bringt. Aber dann läßt die Erinnerung an dieses weite und weiche Dekolleté seine Augen funkeln. Seiner und seines Charmes eines hübschen Jungen sicher, beginnt er, plump und zielstrebig ihr den Hof zu machen. Die gute Frau versteht zu Anfang nicht, dann versucht sie, die Sache als Scherz aufzufassen, am Ende fürchtet sie sich. Aber diese psychologischen Schattierungen sind nichts für Fausto: er interpretiert sie lediglich als Erregung, läßt nicht ab und wagt einen Kuß. Signora Giulia stößt einen kleinen Schrei aus, entschlüpft ihm und antwortet ihm mit einer Ohrfeige. Die Glaswand, die das Hinterzimmer vom Laden trennt, klingelt von dem Schlag, und Signor Michele, den der Aufruhr herbeigerufen hat, steckt argwöhnisch den Kopf herein. Atemlos, mit vor Angst klopfendem Herzen versucht Signora Giulia trotzdem, das Vorgefallene zu vertuschen, und Fausto stellt sich dumm. Es scheint, als überzeugten Signor Michele die konfusen Erklärungen seiner Frau, so daß er Fausto dazu einlädt, mit in die Wohnung heraufzukommen, um anläßlich ihres Hochzeitstages ein Gläschen mit ihnen zu trinken. Fausto folgt ihm ein wenig zögernd.

Und oben, in der friedlichen kleinen Wohnung, in der Signor Michele und seine Frau zwanzig Jahre sorgenlos gelebt haben, hält Signor Michele dem schönen Fausto einen kleinen Vortrag. »Sehen Sie? Hier verbringen wir seit zwanzig Jahren unsere Tage und Abende ... Ich und meine Frau, und wir langweilen uns nicht. Wissen Sie, warum? Weil wir uns lieben. Aber Sie können das nicht verstehen. Und das tut mir sehr leid; und mehr leid als Sie tut mir Ihre arme kleine Frau ...« Und da Fausto wider besseres Wissen sich zu verteidigen sucht, wirft ihm Signor Michele, dem es immer schwerer fällt, sich zu beherrschen, Geld auf den Tisch und schließt: »Das ist der Rest des Monatslohns ... Finden Sie Ihrer Familie gegenüber eine Ausrede ... Ich habe Sie wie einen Bruder aufgenommen, und Sie haben sich benommen wie ein Schuft ... Raus hier!«

Natürlich ist die Version, die Fausto von der Entlassung erzählt, ziemlich abweichend; insgeheim sagt er, daß es eine Rache von Signora Giulia gewesen ist, die in ihn verliebt und von ihm abgewiesen worden sei. Wie soll man ihm nicht glauben? Moraldo ist wütend; er besteht darauf, daß Fausto sich wenigstens die Kündigungsentschädigung auszahlen läßt. Sie steht ihm zu, absolut. Warum den Leuten dreißigtausend Lire schenken? Fausto denkt darüber nach; und als sei ihm ein überraschender Einfall gekommen, führt er am Abend Moraldo in einen Abstellraum, der an den Laden grenzt, wo halb vergessen eine Engelsstatue liegt. »Er gibt mir keine Entschädigung, dann nehmen wir sie uns ...«, sagt er, indem er lächelnd die Statue umarmt und sie in den unbestimmten Lichtschein der Taschenlampe hebt. »Aber das ist Diebstahl ...«, versucht Moraldo einzuwenden; doch wie immer gibt er schließlich nach und macht sich zu Faustos Komplizen. Am folgenden Tag wird der in einen Sack gesteckte Engel auf den Karren von Giudizio geladen, dem verrückten Gepäckträger des Ortes, und die beiden Vitelloni machen sich auf den Weg. Sie versuchen es zunächst in einem Nonnenkloster. Dann mühen sie sich einen Hügel außerhalb der Stadt zu einem Mönchskloster hinauf. Das Nönnchen, das die Pforte halb geöffnet hat, und der dicke Klosterbruder, der den Gemüsegarten hackte, zeigen dasselbe Erstaunen und dasselbe Mißtrauen, als sie aus dem Sack das rosafarbene Gesicht und die versilberten Flügel des Himmelsboten auftauchen sehen. Moraldo möchte vor Scham im Boden versinken; Fausto behält seine gesegnete Frechheit bei, aber nach der zweiten Ablehnung sieht er ein, daß es unklug wäre, beharren zu wollen, und so wird für den Augenblick der Engel Giudizio anvertraut, der vor Glückseligkeit zappelnd ihn in seine Hütte zwischen den Gärten am Stadtrand bringt. Wahrscheinlich hätte Fausto später ohne weiteres den gestohlenen Engel vergessen; aber wenige Abende darauf, während die Familie um den Tisch vereint ist und Fausto mit allerbestem Appetit ißt, platzt sein Schwiegervater wie ein Sturmwind herein und versetzt, um erst einmal einen Anfang zu machen, Moraldo zwei Ohrfeigen. Das ist der Beginn eines sehr heftigen Auftritts. Niemand hat je den guten Signor Rubini derart außer sich gesehen. »Diebe! Gauner!« schreit er mit blutrotem Kopf und geschwollenen Halsadern. »Eine ganze Statue haben sie geklaut! Raus mit euch! ... Und dieser Schmutzfink, mit der Frau meines Freundes ...!« Moraldo versucht nicht einmal zu widersprechen; totenbleich starrt er auf Sandra, die zittert und weint. Fausto schreit: »Eßt eure Koteletts alleine, ich brauche euch nicht!« schlägt die Tür zu und verschwindet.

Aber für gewöhnlich geht er nicht weit. Er gibt sich damit zufrieden, sich auf eine kaputte Kiste hinten im Dunklen am Ende des kleinen Hofes zu setzen. Hier erspähen ihn Moraldo und Sandra, die arme Kleine, die das eigentliche Opfer der ganzen Geschichte und mehr tot als lebendig ist. Moraldo beschuldigt sich, er beschuldigt die falsche Signora Giulia, entlastet so viel er kann seinen Freund, und Sandra verlangt nichts weiter, als ihm zu glauben. Ängstlich und beinahe mütterlich geht sie zu ihrem teuren Gatten im dunklen Hof und bringt ihm in einem Brot das Kotelett, das auf dem Teller geblieben war.

»Ich werde Papa sagen, daß sie es gewesen ist, die dich verführen wollte«, murmelt Sandra zärtlich, unter Tränen. »Warum habt ihr diese Statue gestohlen? Brauchtest du dringend Geld? Das konntest du mir doch sagen ... Warum hast du kein Vertrauen zu mir gehabt? ... Hast du mich nicht mehr lieb? ... Hast du unser Kind nicht lieb?« Fausto wird gerührt. »Verdammt ...«, murrt er gegen das feindliche Schicksal, den Rotz hochziehend. Sandra setzt sich ihm auf die Knie, und er, mit tränengefüllten Augen und einem Herzen voll Liebe für seine Frau und das ungeborene Kind, drückt sie an seine Brust und verspricht, daß er nicht weggehen ... daß er sich eine andere Arbeit suchen wird.

In Wirklichkeit aber fängt er sofort wieder damit an, mit den vier Freunden das Billard-Café zu besuchen. Und unterdessen kommt zu seinem Glück das Kind zur Welt, und die ganze Familie befaßt sich nur mit dem Neugeborenen. Die Wochen vergehen; Riccardo läßt sich einen Schnurrbart stehen, Fausto rasiert ihn sich ab, Leopoldo kassiert sein Cavour-Bärtchen und Alberto verlängert seine Koteletten. Und mit dem Frühling gelangt in die Stadt die bekannteste Revuetheatertruppe, ›Faville d'Amore‹. Das Stadttheater ist diesen Abend voller Leute. Die Vitelloni werfen von der Galerie aus gierige Blicke auf das Paillettengefunkel der Balletttruppe, in deren Mitte die freizügige Blöße der federgeschmückten Soubrette ins Auge fällt. Dann kündigt ein dumpfer Trommelwirbel die dramatische Nummer des Programms an, und Hochwohlgeboren Sergio Natali, der alte Schauspieldirektor, erscheint auf der Bühne. Leopoldo fühlt ein leichtes Zittern. »Da ist er, er ist es! ...« flüstert er den Freunden zu. »Ich werde ›Jugend-Phantasie‹ vortragen«, kündigt der berühmte Schauspieler mit der hohltönenden Stimme eines alten Mimen an, und er beginnt. Die Tänzerinnen drehen sich hinter ihm mit Soldatenmützen auf den gebleichten Haaren, und die Soubrette erscheint mit einer Konstruktion aus Pappe auf dem Kopf, die einer mit Türmen versehenen Burg ähnelt. Als die Darbietung vorüber ist, begleiten Fausto und Moraldo Leopoldo, der diesen Abend seine Trumpfkarte ausspielt, in die Kulissen. Er hat das Manuskript seiner berühmten Komödie unter dem Arm und ersucht, von Hochwohlgeboren Natali empfangen zu werden. Fausto und Moraldo schauen auf die Tänzerinnen, die in die Garderoben zurückkommen, und die Soubrette wirft Fausto, als sie an ihm vorbeigeht, einen vielsagenden Blick zu. Hochwohlgeboren Natali nimmt die drei jungen Männer mit unerwarteter Liebenswürdigkeit auf. Er hört zu, zeigt Interesse, bietet Zigaretten an. Leopoldo zittert vor Erregung und Freude, und um Hochwohlgeboren die Komödie genauer erläutern zu können, lädt er ihn zum Abendessen ein. Die Unterhaltung geht am Tisch im Restaurant ›Croce d'Italia‹ weiter, das um diese Stunde menschenleer ist. Leopoldo liest die Reden seiner Gestalten vor: »Roberto: Eines Tages erwachte ich und hatte keine Ketten mehr um meine Seele ... Auf meinen Altären habe ich keine Götter mehr! Frieda: O du Blinder! Allein die Angst könnte dich retten!«

»Allein die Angst könnte dich retten!« wiederholt mit tiefdröhnender Stimme kauend der Schauspieler. »Verstehen Sie, Hochwohlgeboren?« stöhnt Leopoldo. »Eine moderne Sache ... Ein bißchen Wilder ... ein bißchen Saroyan ...« Der alte Schauspieler hat vollkommen verstanden. Er spricht von der Ferrati, von Gassmann ... Vielleicht wird er beide im nächsten Jahr in seiner Truppe haben ... Das wäre ausgezeichnet ... Und Leopoldo hat bei diesen Namen, bei diesen Projekten Mühe, nicht in Ohnmacht zu fallen. Fausto und Moraldo vergnügen sich weit weniger. Zum Glück geht irgendwann die Tür auf, und wie ein Windstoß kommt die Soubrette von zwei Tänzerinnen gefolgt herein. Binnen weniger Minuten wechseln die beiden jungen Männer vom Tisch, an dem man von Saroyan spricht, zum Tisch der Mädchen; sie nehmen kaum wahr, daß Leopoldo und Hochwohlgeboren Natali das Lokal verlassen. »Ich sag's euch morgen ... Ein Künstlertraum ...«, seufzt Leopoldo in Moraldos Richtung und verschwindet im Dunklen. Draußen ist es lausig kalt. Mit hochgeschlagenen Kragen gehen die beiden Männer gegen den Wind aufs Meer zu. Hochwohlgeboren Natali hat den Vorschlag gemacht, den dritten Akt im Angesicht des Sturms zu lesen. Er hängt sich bei Leopoldo ein, nennt ihn beim Vornamen, erlaubt ihm, ihn zu duzen. Und Leopoldo, der ihm blind folgt, erzählt ihm freimütig von den Verdrießlichkeiten und Hoffnungen eines Provinzschriftstellers, der fern von der Welt der Kunst und der Künstler in der Verbannung lebt. »Sie wissen nicht ... du weißt nicht, was das für mich bedeutet, was du mir gesagt hast ... Ich war drauf und dran klein beizugeben, alles aufzugeben ...«

Nun ist vor den beiden Männern nichts mehr als die Mole, dunkel und verlassen, nur das Klatschen der Wellen ist noch zu hören. Leopoldo bemerkt es plötzlich und bleibt ein wenig erstaunt stehen. »Aber wo gehen wir denn hin?« fragt er. Der andere nimmt ihn wieder am Arm: »Das hat keine Bedeutung ... Wir werden schon eine Stelle finden.« Und er geht voran. Leopoldo folgt ihm noch ein paar Meter, dann bleibt er von neuem stehen. Er wird von einer vagen Unruhe ergriffen. Sein Gefährte starrt ins Dunkel in Richtung der Zementblöcke, die sich zu beiden Seiten hochtürmen, als suche er ein einsames und verstecktes Plätzchen. Dann dreht er sich um und sieht den Komödiendichter an. Ein eisiges, verräterisches Lächeln ist auf seinem Gesicht erschienen. Einen Augenblick sehen sich die beiden Männer schweigend an. Der Schauspieler lächelt immer weiter; vor diesem entsetzlichen Lächeln weicht Leopoldo zurück, stammelt etwas. Die theatralische Stimme von Hochwohlgeboren so zwischen dem Wind und dem Getöse des Meeres läßt ihn mit einem Schlag kehrtmachen.

»Was ist denn? ... Mach ich dir Angst? ...«

Mit raschen Schritten, das Manuskript an seine Brust gepreßt, entfernt sich der Lustspieldichter, ohne sich umzudrehen, als fliehe er. Unendliche Bitterkeit, verzweifelter Abscheu schnüren ihm die Kehle zu. Hinter sich sieht er undeutlich noch immer reglos zwischen den Windböen die tragische und groteske Gestalt dieses Mannes.

Ein paar Stunden später in derselben Nacht ist Fausto gerade dabei, sich im Zimmer der Soubrette hastig wieder anzuziehen. Die Frau ist in dem zerwühlten Bett halb eingeschlafen. Fausto wirft ihr einen eiligen Gruß zu und macht sich aus dem Staub. Draußen auf dem menschenleeren Platz wartet halb erfroren Moraldo. Die beiden Burschen wechseln kein einziges Wort miteinander, während sie sich auf den Weg nach Hause machen. Eine tiefe Verlegenheit, neu in ihren Beziehungen, trennt sie. »Warum hast du auf mich gewartet?« fragt Fausto schließlich barsch. »Ich habe es mehr für Sandra als für dich getan«, antwortet Moraldo in bittersüßem Ton; und er setzt noch hinzu: »Es wäre besser, du würdest sowas nicht machen ...« Es ist das erste Mal, daß Moraldo die Notwendigkeit und den Mut zu einer Auflehnung spürt.

Fausto antwortet ihm nicht. Er schleicht sich ganz sacht in sein Zimmer, in der Hoffnung, daß seine Frau schläft. Im dichten Halbdunkel reibt er sich mit dem Taschentuch fest die Wangen ab, um die Lippenstiftspuren davon zu entfernen. Bei diesem Anblick, in der Vertrautheit des ehelichen Schlafzimmers, wo das Neugeborene friedlich schlummert, kommt Fausto sich plötzlich schmutzig vor und bleibt wortlos stehen. Er versucht, sich zu fassen, aber diesmal ist Sandras Schmerz zu tief, zu bitter. Sie kehrt sich schluchzend zur Wand und stößt ihren Mann heftig zurück; im angrenzenden Zimmer hört Moraldo bleich und gespannt ihr verzweifeltes Weinen.

Am Morgen darauf weckt Alberto Riccardo mit einer schrecklichen Nachricht: Sandra ist mit dem Kind verschwunden. Sie ist nicht mehr da. Alberto und Riccardo ziehen noch einmal den riesigen Isotta Fraschini aus dem Schuppen und stoßen auf der Piazza auf die Freunde. Fausto ist wirklich erschüttert; Moraldo ist kalt und sarkastisch. Die anderen drei kommen endlich zu dem Entschluß, die Flüchtige zuerst bei ihrer alten Lehrerin zu suchen, dann eventuell bei der Hebamme. Nicht etwa, daß sie die Sache sehr ernst nähmen, aber diese Verfolgungsjagd reizt sie und macht ihnen im Grunde Spaß. Fausto drängt zum Aufbruch, und Moraldo, der ihn nicht mehr in seiner Nähe ertragen kann, macht sich auf eigene Faust auf den Weg.

Das Auto setzt sich in Bewegung. Aber bei der Lehrerin ist Sandra nicht. Fausto krampft sich vor Verzweiflung zusammen; auch die anderen fangen an, obwohl sie ihn zu trösten versuchen, einander still anzusehen. Der Isotta Fraschini biegt bereitwillig in einen Feldweg zum Bauernhof der Hebamme ein.

Das Land aber ist so schön, daß die drei Vitelloni beim Fahren nach und nach den eigentlichen Zweck der Reise vergessen. Einer fängt damit an zu sagen, daß er Hunger hat; dann streiten sie über Vogelstimmen; und als sie bei der Hebamme ankommen, finden sie das Angebot von Rühreiern so verlockend, daß sie die Entdeckung, daß Sandra auch hier nicht zu finden ist, in keiner Weise betroffen macht.

Fausto dagegen ist wirklich verstört. Zur Abwechslung weigert sich der Isotta, wieder in Gang zu kommen, und so schwingt sich Fausto, ohne jemanden zu grüßen, auf ein altes Fahrrad und strampelt mit aller Kraft auf die Stadt los.

Er kommt keuchend zu Hause an, in der Hoffnung, daß Sandra in der Zwischenzeit wiedergekommen ist. Aber Sandra ist nicht zurückgekommen. Ihr Vater und ihre Mutter sind auf der Suche in der Stadt, das Dienstmädchen weint ängstlich; alles ist in Aufregung. Fausto stürzt von neuem auf die Straße und trifft Moraldo.

»Wenn ich sie nicht wiederfinde, bringe ich mich um . . .«, stammelt Fausto. »Du wirst dich niemals umbringen . . . Du bist ein Feigling«, antwortet ihm Moraldo kalt und kehrt ihm den Rücken.

Und Fausto zögert in seiner Verzweifung nicht, in die Kirche zu laufen, um seine Seele Gott anzuempfehlen. Und siehe da, ausgerechnet jetzt trifft er die schöne Dame aus dem Kino, die Frau lächelt ihm zu, grüßt ihn, bleibt stehen. Sie wäre geneigt, sich begleiten zu lassen. Aber, o Wunder! Dieses Mal nimmt Fausto es ernst. Er läßt sie stehen, und weil er nicht weiß, wie er sich helfen soll, sucht er Zuflucht bei Signor Michele. Vielleicht, wer weiß, wirkt die Erinnerung an die warme und ehrliche Familiengeborgenheit, die ihm Signor Michele erzeigt hat, jetzt auf ihn. Und Signor Michele hat, als er ihn weinend und erschrocken sieht, Mitleid mit ihm.

Unterdessen kehren die drei Vitelloni, die noch übrig sind, nachdem sie das Auto wieder flottgemacht haben, singend und ein bißchen angetrunken zur Stadt zurück. Sie überholen eine Gruppe muskelstarker Arbeiter, die damit beschäftigt sind, die Straße auszubessern, und Alberto hat nichts Besseres zu tun, als eine wenig vornehme Gebärde an sie zu adressieren und sich folgendermaßen an sie zu wenden: »Schwerarbeiter – Schwanzarbeiter . . .« Nur daß hundert Meter weiter das Auto plötzlich stehenbleibt. Vom selben Gedanken erfaßt drehen die drei Tunichtgutes sich um, um nach den Arbeitern zu spähen, die ihre Arbeit unterbrochen haben und bedrohlich in ihre Richtung sehen. Das Auto startet nicht; und die Arbeiter kommen mit Hämmern und Schaufeln in einer geschlossenen Gruppe heran. Die drei Vitelloni springen aus dem Wagen und fliehen durch die Felder ... Und die laut schreienden Arbeiter verfolgen sie mit erhobenen Waffen ...

In der Stadt begleitet Signor Michele voller Mitleid Fausto bei seiner Suche nach Sandra. Die Frau hatte sich mit dem Kind in die Wohnung von Faustos Vater geflüchtet, und als der Maurermeister diesen Esel von Sohn vor sich auftauchen sieht, springt er auf ihn zu und traktiert ihn erbarmungslos mit Schlägen. Fausto macht nicht einmal den Versuch, sich zu verteidigen. Er weint, schlägt sich an die Brust und steckt die Prügel ein. Sandra, die solche Qual nicht erträgt, geht weinend zu seiner Verteidigung dazwischen und entzieht ihn blaugeschlagen und übel zugerichtet den Klauen des Vaters. Dann versöhnen sie sich unter Weinen und feierlichen Versprechungen, nehmen das Kind und kehren Arm in Arm zu ihrem Ehebett zurück. »Wenn du mich noch einmal so in Wut bringst«, sagt Sandra entschlossen, »mach ich es auch so wie dein Vater ... Ich schlag dich tot ...« Fausto lächelt selig. »So gefällst du mir«, murmelt er. Sandra hat entdeckt, daß Fausto dringender als eine Frau eine Mutter nötig hat ... und vielleicht, wer weiß, garantiert ihr diese Entdeckung das künftige Glück.

Im übrigen nimmt das Leben in dem Provinzstädtchen weiter seinen Lauf wie gewöhnlich. Die Vitelloni spielen weiter Billard und schmieden Abreisepläne.

Der einzige aber, der wirklich weggeht, ist Moraldo. Er bricht eines Morgens in der Dämmerung auf, als alle noch schlafen, ohne irgendjemandem etwas zu sagen. Er hat das Gefühl, in einem Traum zu leben, als er sich unter dem öden Bahnsteigdach wiederfindet, das Glöckchen plötzlich zu bimmeln aufhört und der Zug wahrhaftig am Ende der Geleise erscheint.

Während er gerade in einen Waggon dritter Klasse steigen will, taucht vor ihm im Dampf der Kolben der kleine Eisenbahner auf, der ihn mit feierlichem Erstaunen begrüßt: »Verreisen Sie? Wo fahren Sie denn hin?« »Ich weiß es nicht ...« »Und wann kommen Sie wieder?« »Ich weiß es nicht ...« Moraldo steigt in den Zug; der Stationsvorsteher schließt die Türen. »Aber was werden Sie denn nun tun?« fragt noch immer erstaunt der kleine Junge von draußen. Der Zug setzt sich in Bewegung. Aus dem Fenster schreit Moraldo, um den Lärm der Räder zu übertönen: »Ich weiß nicht ... Ich weiß nichts ...« Der Zug fährt unter der Eisenbrücke hindurch, er entfernt sich. Moraldo sieht die Häuser des Städtchens, das er verläßt, vorbeiziehen; vielleicht hat das Erscheinen des kleinen Jungen, der mit sich und seiner Arbeit zufrieden ist, in seinem Innern eine plötzliche und noch vage Entdeckung aufscheinen lassen.

Jenseits des Betonzauns, auf der Straße, die neben der Eisenbahn verläuft, trippelt Giudizio zwischen den Stangen seines Karrens. Als der Zug vorbeifährt, macht er ein paar ausgelassene Sprünge und schreit etwas, was man wegen des Lärms der Räder nicht hören kann. Es ist wie der letzte Gruß des Provinzstädtchens und seiner verborgenen Tollheit ...

Drehbuch

Dieses Drehbuch, das den Sinn des Films, wenn auch nur in großen Zügen, wiedergeben sollte, ist für mich nichts weiter als eine Folge provisorischer Aufzeichnungen, damit ich an die Vorbereitung und Organisation des Films gehen kann. Meiner Gewohnheit entsprechend, behalte ich mir vor, im Verlauf der Arbeit Szenen und Personen zu überprüfen, genauer festzulegen, zu verändern und zu ersetzen.

F. F.

Der Vorspann läuft über das Bild einer Badekabine am Strand, die von vier Arbeitern abgebaut wird. Sowie die Wände entfernt sind, wird im Hintergrund das Meer mit den weißschimmernden Schaumkronen sichtbar. Es ist spät im September, verlassen ist der Strand, der Wind fegt über den Sand und wirbelt Papierfetzen hoch.
Zwei Kinder, die bereits wärmer angezogen sind, spielen laut kreischend miteinander Fangen.
Auf der verlassenen, windgepeitschten Terrasse des Kursaals sind zwei Kellner damit beschäftigt, Girlanden mit verschiedenfarbigen Lampions aufzuhängen.

(Überblendung)

Der Vorspann läuft jetzt über das Bild einer nächtlichen Straße oder eines Platzes in einer kleinen Provinzstadt. Man sieht aus der Entfernung vier junge Leute näherkommen. Geräuschvoll singen sie im Chor und gehen vergnügt untergehakt.

Terrasse des Kursaals. Außen. Nacht.

Wegen der Wahl einer ›Miss‹ aus dem Ort ist die Terrasse des Kursaals überfüllt. Man hört das Orchester eine Melodie spielen, die Riccardo am Mikrofon singt.

Riccardo (off; singt): Come una chimera ... scende giù la sera ...[1]

Vom dunklen Meer her kommen Windstöße, die die Girlanden und die Palmen in den Kübeln zum Erzittern bringen und die Tücher auf den Tischen hochwehen.
(Die Stimme des Sprechers überlagert diejenige von Riccardo, den man auch weiterhin bruchstückweise hört.)

Sprecher (off): Das hier ist der Kursaal unserer kleinen Stadt, und was sich hier abspielt, ist das letzte Fest dieser Saison: Die Wahl der ›Miss Sirena 1953‹.

Im Vordergrund wirft Antonio, ein alter Kellner, von seinem Beobachtungsposten aus einen Rundblick über die fröstelnde Publikumsmenge, als sehe er – wegen des schlechten Wetters –

1 Wie ein Trugbild sinkt der Abend hernieder ...

eine allgemeine Flucht voraus. Er hebt einen Augenblick den Kopf und beobachtet den Himmel, dann entfernt er sich zwischen den Tischchen und geht am langen Tisch der Jury vorbei, die sich aus Lilia Randi – einem Filmstarlet, das aus Rom gekommen ist – und drei Herren zusammensetzt ...

Ein Verehrer nähert sich der Schauspielerin, um sich ein Autogramm geben zu lassen.

Sprecher (weitersprechend): Viele nette Leute sind da, nicht wahr? Fremde – Ausländer – und sogar eine Filmschauspielerin, die aus Rom gekommen ist. Sie gehört zur Jury. Alle sind da und natürlich sind auch wir da, die Vitelloni[1].

An einem Tischchen sitzen zwei junge Leute, Alberto und Leopoldo, und sehen zur Gruppe der Miss-Anwärterinnen hinüber.

Sprecher: Das hier ist Alberto.

Alberto wendet sich an jemanden im Off und bittet mit einer Geste um eine Zigarette, die ihm, nach seinem enttäuschten Gesicht zu schließen, verweigert wird. Er deutet dann auf Leopoldo, als sei es unnütz, von diesem eine zu erbitten. In der Tat zündet Leopoldo ganz ruhig und egoistisch eine für sich selbst an.

Sprecher: Das hier ist Leopoldo. Und dort ist Moraldo, der Jüngste unserer Bande.

Moraldo, der auf dem Metallgeländer der Terrasse sitzt, betrachtet gedankenverloren den Himmel.

Dann wendet er sich den Freunden zu.

Moraldo (off): He, schaut mal wie schön, da drüben blitzt es.

Riccardo am Mikrofon betrachtet den Himmel und singt, vom Anblick inspiriert, mit Hingabe weiter.

Sprecher: Der Tenor, der gerade singt, ist Riccardino. Wie jedes Jahr, gehört der Abend ein bißchen ihm.

Auf einem Gartenweg, der die verschiedenen Pavillons des Gebäudekomplexes verbindet, nähert sich Fausto in Begleitung eines Mädchens.

Sprecher: Und das ist Fausto, unser Chef und geistiger Führer.

Der junge Mann wendet sich dem Mädchen zu, schaut sie mit gespielter Bekümmerung eindringlich an und versucht, eine längere Auseinandersetzung zum Abschluß zu bringen.

1 wörtl. ›große Kälber‹; in Fellinis Film und in der Folge in ganz Italien: Nichtsnutze, Taugenichtse, Müßiggänger.

Fausto: Glaubst du mir jetzt?

Das Mädchen hält dem Blick Faustos ruhig und lange stand. Von weitem hört sie den Gesang Riccardos und trällert halblaut die Melodie mit.

Mädchen (zu Fausto, ärgerlich): Sag mal, du hältst mich wohl für blöd. Los, gib mir den Schuh.

Sie nimmt Fausto den Schuh aus der Hand und schickt sich an, das Lokal zu betreten. Fausto hält sie mit einer Hand zurück und versucht, sie zu küssen.

Fausto: Ich geb ihn dir, aber du gibst mir einen Kuß.

Immer ärgerlicher versucht das Mädchen, sich zu befreien ...

Mädchen: Laß mich los.

... aber Fausto versucht hartnäckig, sie an sich zu ziehen.

Fausto: Los, gib mir einen Kuß.

Mädchen: Ich hab gesagt, du sollst mich loslassen.

Fausto: Nun mach nicht solche Geschichten.

Mädchen (verärgert): Laß mich, du Idiot. Du bist ein ungehobelter Klotz, das bist du.

Mit einem Ruck gelingt es dem Mädchen, sich aus Faustos Umarmung zu befreien, und sie wendet sich zum Gehen.

Mädchen: ... Hm! ... Hast du verstanden?

Fausto hält sie auf.

Fausto: Sag mal, du Dummchen, du hattest mir aber versprochen ...

Mädchen: Was hatte ich versprochen?

Fausto: Ja, du hast mir gesagt, daß du vor der Abreise ... (Der Rest des Satzes läßt sich nur erahnen.)

Mädchen (wischt mit zwei Fingern abschätzig von unten über ihr Kinn): Aaah ... ja, mein armes Schätzchen. Man macht ja so viele Versprechungen. Denk nur dran, wieviele du Sandra gemacht hast.

Fausto (ärgerlich): Ach was, Sandra. Wer kennt denn die schon?

Mädchen: Wie??!! Wer die kennt? Ach ... ach ...

Das Mädchen bricht in ein ironisches Lachen aus, wendet sich um und geht ins Lokal.

Kursaal. Außen. Nacht.

Riccardo steht vor dem Mikrofon und liest von einem Zettel.

Riccardo: ›Miss Sirena 1953‹ – Signorina Sandra Rubini!

Im Publikum erhebt sich großer Applaus. Alle Blicke gehen zur Gruppe der Miss-Kandidatinnen.

Sandras Mutter (Signora Teresa) steht freudig erregt und lächelnd von ihrem Tisch auf und geht hinüber zu ihrer Tochter, die noch bei den anderen Kandidatinnen steht.

Sandras Mutter: Oh, mein Kind, mein Liebes, hast du gesehen, mein Schatz? Hast du gesehen? Und du wolltest nicht mal mitmachen ...

Leopoldo, Moraldo – Sandras Bruder – und Alberto fallen in die Begeisterung des Publikums ein und klatschen Sandra heftig Beifall. Alberto wendet sich an Moraldo und fragt ihn, erheitert ob der selbstgefälligen Freude von Signora Teresa ...

Alberto: Was hat sie denn? Gewonnen hat doch das Schwesterchen.

Moraldo nickt lächelnd.

Moraldo: Ja.

Alberto (off): Bravo, Sandrina.

Immer noch unter dem Beifall des Publikums, der kaum nachläßt, geleitet Signora Teresa, von mütterlichem Stolz ergriffen, Sandra zur Bühne ...

Mutter: Geh doch, Liebling! Geh, mein Schatz, geh!

... und übergibt sie dort Riccardo, der sie vor das Mikrofon führt.

Riccardo (Sandra dem Publikum vorstellend): ›Miss Sirena 1953‹!

Der Beifall steigert sich.

Vom Meer her hört man plötzlich ein dumpfes Donnergrollen.

Eine stärkere Bö wirbelt auf der verlassenen Straße Staub auf.

Alberto winkt Sandra aus der Entfernung und klatscht weiterhin heftig Beifall.

Alberto (wendet sich an die Freunde im Off): Sie ist aufgeregt ...

Der Wind wird stärker. Einem blendenden Blitz folgt ein ohrenbetäubender Donnerschlag. Unerschüttert versucht Riccardo, die Zeremonie zum Abschluß zu bringen.

Riccardo: Verehrte Herrschaften! Ich bitte um Ihre Aufmerksamkeit! In diesem Augenblick wird die bekannte Filmschauspielerin Lilia Randi, die extra aus Rom hergekommen ist, ›Miss Sirena 1953‹, unserer wunderschönen Mitbürgerin die Siegesschleife umlegen.

Der Applaus des Publikums gerät etwas aus dem Takt. Viele sind aufgestanden und beobachten den Himmel. Der Wind, der jetzt stürmisch geworden ist, läßt Girlanden, Lampions und Tischtücher heftig flattern. Auf dem Podium küßt Lilia Randi Sandra auf die Wangen, nachdem sie ihr die Schleife der ›Miss Sirena‹ umgehängt hat. Sandra lächelt verwirrt. In dem schwächer werdenden Applaus sehen sich Leopoldo, Moraldo und Alberto besorgt um. Der Sturm macht sie frösteln und sie schlagen den Kragen ihrer Jacken hoch.

Leopoldo: Addio – das Fest ist zu Ende.

Riccardo lädt Sandra ein, näher ans Mikrofon zu treten.

Riccardo (im Durcheinander): Und jetzt sag hier durchs Mikrofon etwas zu deinen Bewunderern.

Sandra (mit erstickter Stimme): Ich ...

Riccardo (unbekümmert): Bravo, Bravissimo. Sie hat ›ich‹ gesagt.

Die fröstelnde Schauspielerin ruft von der Bühne aus irgend jemandem zu ...

Schauspielerin: Toniacci, bringen Sie mir den Mantel.

Die ersten Regentropfen klatschen auf die Terrasse. Das Publikum fängt an aufzustehen.

Moraldo (mit kindlichem Vergnügen): He, schaut mal dort! Ein Blitz!

Plötzlich geht ein wolkenbruchartiger Regen über die Menge nieder. Schreie, umgeworfene Tischchen – ungeordnetes und schnelles Rennen der Betroffenen in die inneren Räume des Kursaals.

Sandra, immer mehr verängstigt, stottert etwas vor dem Mikrofon.

Sandra: Ich wollte nicht teilnehmen ...

Eine Frau wirft ihr einen Pullover über den Kopf, um sie gegen den Regen zu schützen, und zieht sie fort.

Riccardo am Mikrofon macht einen heldenhaften Versuch, die Menge zu beruhigen.

Riccardo: Ruhe, Ruhe, Herrschaften. Nur eine kleine Wolke. Bleiben Sie auf Ihren Plätzen ...

Das Publikum flüchtet immer noch kopflos.

Riccardo: Das Fest geht weiter ... eine kleine Wolke ...
Schnell wickelt er sich einen Schal um den Kopf und schließt sich der allgemeinen Flucht an. Antonio, der Kellner, kommt zu Alberto, der hastig austrinkt.

Antonio: Die Rechnung, Signor Alberto.
Alberto versucht, abzuhauen.

Alberto: Was willst du? Alle laufen weg.

Antonio (hält ihn auf): Gut, dann zahlen *Sie* mal.
Alberto läuft durch den Regen davon.

Salon des Kursaals. Innen. Nacht.

Die Menschenmenge ergießt sich in die kahle, verstaubte Halle des Kursaals. In einer Ecke stehen die großen Holzgestelle für die Wagen des alljährlich stattfindenden Blumenkorsos und verstärken noch den Eindruck der Öde und Verlassenheit.

Kursaal. Außen. Nacht.

Im Durcheinander flüchten auch die Leute vom Orchester mit ihren Instrumenten. Auf der Terrasse regnet es in Strömen. Antonio und ein paar andere Kellner versuchen, die Stroh-Sonnenschirme und einige Korbstühle vor dieser Sintflut zu retten. Geschoben von der Mutter, wankt Sandra langsam durch das Gedränge. Eine Frau küßt und beglückwünscht sie.

Frau: Bravo, Sandrina.

Kursaal. Innen. Nacht.

Im Salon, der sich mit immer mehr Menschen füllt, bittet Leopoldo eindringlich ein Mitglied der Jury, ihn der Schauspielerin vorzustellen.

Leopoldo: Stell mich der Randi vor.

Jurymitglied: Jetzt ist nicht der richtige Moment.

Leopoldo: Da ist sie ja. Ich bitte dich, stell mich vor!
Riccardo entdeckt im Salon ein Klavier und versucht, zusammen

mit dem Gitarristen das Fest dadurch zu retten, daß er zu spielen anfängt.
Die Schauspielerin steht bei einem Fenster. Ihr Sekretär versucht, sie vor dem Ansturm der Autogrammjäger zu beschützen.

Junger Mann (als er ein Autogramm bekommt): Danke, Signora.

Schauspielerin (mißmutig): Bitte, bitte.

Sie wendet der Menge ihren Rücken zu. In diesem Augenblick erscheint das Jurymitglied, begleitet von Leopoldo, und stellt diesen feierlich vor.

Jurymitglied: Hochverehrte Künstlerin. Ich stelle Ihnen hier einen Mitbürger vor, der unserer Stadt große Ehre macht. Den Lustspielautor Leopoldo Mannucci.

Schauspielerin (mit erzwungener Höflichkeit): Sehr erfreut. Es freut mich wirklich sehr.

Leopoldo (aufgeregt): Ich bin äußerst geehrt, Signora. Ich habe Ihre Karriere immer verfolgt ... in den Zeitungen.

Jurymitglied (entschuldigend): Er hat sogar ein Drama geschrieben, ja ... doch! ... Es heißt ... er ist der Autor unseres Theatervereins.

Die Schauspielerin hat ihnen jedoch den Rücken zugewandt.
Riccardo und der Gitarrist haben heftig zu spielen begonnen. Aber ihr gutgemeintes Eingreifen scheint nur das allgemeine Durcheinander zu verstärken.
Moraldo wird immer aufgeregter, er ist begeistert vom Gewitter.

Moraldo (zu Riccardo und dem Gitarristen): Es ist herrlich draußen, Freunde. Wie das Ende der Welt. Wunderbar!

Terrasse des Kursaals. Außen. Nacht.

Über die jetzt völlig verlassene Terrasse fegen Wind- und Regenböen.

Salon des Kursaals. Innen. Nacht.

Die Festteilnehmer, die sich im Salon drängen, haben wieder stürmisch zu tanzen begonnen. Unter den Musikern ist jetzt auch Alberto, der sich am Schlagzeug produziert und dabei einen amerikanischen Jazzschlagzeuger imitiert.

An eine Wand gelehnt, nimmt Sandra die Glückwünsche und Komplimente der Freundinnen und anderer Bewerberinnen um den Titel ›Miss Sirena‹ entgegen.

Stimmen: Bravo, Sandrina ... Freust du dich, ja? – – Meinen Glückwunsch, Signora.

Die Mutter neben Sandra lächelt, stolz über diesen kleinen Triumph. Mehrere Freundinnen gehen zu Sandra und küssen sie.

Brünette (ruft): Jetzt gehst du wohl zum Film, nicht?

Auf dem Gesicht Sandras zeigt sich plötzlich ein leidender Zug, und sie scheint nur mit Mühe atmen zu können. Sie lehnt sich gegen die Wand und greift mit der Hand an die Stirne. Einen Augenblick später gleitet sie kraftlos zu Boden. Die Mutter, die es noch nicht bemerkt hat, lächelt weiterhin, sich höflich bedankend. Als sie nun die ohnmächtige Tochter bemerkt, stößt sie einen kleinen Schrei aus und beugt sich zu ihr nieder, um ihr zu helfen.

Sandras Mutter: Sandrina! O Gott! O Gott!

Sofort richtet sie sich wieder auf und ruft schreckerfüllt nach dem Sohn.

Sandras Mutter: Moraldo! Moraldo!

Moraldo wendet sich nach der Mutter um, überrascht und besorgt.

Sandras Mutter (off): Moraldo!

Moraldo: Was gibt es, Mama?

Sandras Mutter: Komm her! Deiner Schwester ist nicht gut.

Moraldo nähert sich, gefolgt von Riccardo.

Moraldo: Gestatten Sie ... gestatten Sie ... bitte.

Mutter: Ein Arzt ... ein Arzt! Ruft einen Arzt!

Riccardo: Was ist passiert, Signora?

Mutter (immer ängstlicher): Ein Arzt, einen Arzt!

Nachdem Moraldo einen Blick auf seine Schwester geworfen hat, versucht er, die Mutter zu beruhigen.

Moraldo (nimmt ihr Gesicht zwischen seine Hände): Mama, Mama, sei ruhig. Es ist nichts, Mama, sei ruhig. Ist denn kein Arzt da, bitte? Macht Platz. (zur Mutter) Mama, sei ruhig, es ist nichts.

Riccardo versucht, die Leute, die sich um das Mädchen geschart haben, zurückzudrängen.

Riccardo: Doch, es ist einer da. Mancinelli! Mancinelli! Mancinelli! Mancinelli!

Dr. Mancinelli, ein älterer Herr mit Bart, bahnt sich mühsam einen Weg durch die Menge.

Mancinelli: Hier bin ich. Was ist passiert? Hier bin ich. Macht mir Platz! Los, laßt mich durch. Behindert mich nicht! Zurück!

Moraldo und Riccardo heben Sandra schnell auf und, gefolgt von einer dichten Menschenmenge, tragen sie sie in einen Vorratsraum, der neben dem Salon liegt. Der Arzt folgt ihnen und versucht mit Mühe die Neugierigen fernzuhalten.

Mancinelli: Zurück, zurück – verdammt! Bleibt weg, hab ich euch gesagt!

Moraldo: Es ist doch gar nichts. Sie braucht nur frische Luft.

Sandra wird auf den Diwan gelegt, und die Mutter, Moraldo und Riccardo stehen um sie herum. Der Arzt fühlt ihren Puls. Die Mutter jammert weiter.

Mutter: Moraldo ... schau doch nur Sandrina ...

Moraldo: Es ist nichts, Mama. Sei ruhig. Los ...

Riccardo löst sich aus der Gruppe und pflanzt sich auf der Schwelle zum Salon auf, wo sich die Neugierigen drängen. Er sucht irgend jemanden mit seinem Blick und ruft ...

Riccardo: Fausto, Fausto! – Leopoldo, ruf doch Fausto. Sag ihm, er soll herkommen.

Ein Mädchen wiederholt Riccardos Ruf.

Mädchen: Fausto, Fausto! Komm hierher.

Der Arzt hat sich über Sandra gebeugt und hört ihr Herz ab. Inzwischen spricht Moraldo der immer noch verzweifelten Mutter Trost zu.

Moraldo: Mama, Mama! Sei still, sei still! Es ist nichts.

Mutter: Was heißt, es ist nichts! Schau sie doch an!

Im Salon kann sich Fausto nur mit Mühe durch die Leute zwängen, die sich vor der Tür zum Vorratsraum drängen. Auf der Schwelle bleibt er stehen und sieht Leopoldo, der bereits dort ist, fragend an.

Leopoldo: Sandra ist ohnmächtig geworden. Es geht ihr schlecht.

Der Arzt hat seine Untersuchung beendet und steht schweigend wieder auf. Voller Angst fragt ihn die Mutter ...

Mutter: Geht es ihr besser?

... und beugt sich über Sandra, welche jetzt die Augen öffnet, sich in sitzende Stellung aufrichtet und ...

Sandra: Mama!

Mutter (Off): Liebling!

... in der Türöffnung Fausto stehen sieht.

Sandra wendet den Blick sofort von Fausto ab und bricht plötzlich in verzweifeltes Weinen aus. Sie verbirgt ihr Gesicht in den Händen.

Sandra (weinend): Ich möchte sterben! Ich will sterben!

Die Mutter beugt sich so tief über Sandra, daß ihr Gesicht deren Haare berührt.

Mutter: Sandrina, mein süßes kleines Täubchen. Was redest du da? Ausgerechnet heute abend willst du sterben? Wo sie dich zur ›Miss Sirena‹ gemacht haben? Nein, Liebling, das sagt man nicht mal im Scherz.

Sie wendet sich an den Arzt.

Mutter: Herr Doktor, was fehlt ihr denn?

Mit Unbehagen beobachtet Fausto von der Schwelle aus die Szene. Die Mutter starrt den Arzt unsicher an, als wolle sie eine Antwort erzwingen. Moraldo runzelt die Stirne.

Mutter: Antworten Sie.

Ernst hält der Arzt dem Blick von Sandras Mutter stand, dann schaut er Moraldo an. Schließlich klatscht er in die Hände und sagt befehlend ...

Arzt: Die jungen Leute möchten so gut sein und hinausgehen.

Die Worte des Arztes bringen die Mutter in Verwirrung und sie schaut zuerst zu Moraldo, dann auf Sandra. Moraldo wendet sich schweigend um und blickt Fausto an.

Fausto, der im Begriff war, einzutreten, macht vorsichtig zwei Schritte zurück und drängt sich durch die Menge, welche den Zugang versperrt.

Straße vor Faustos Haus. Außen. Nacht.

Über die verlassene Straße geht ein heftiger Regenguß nieder. Am Ende der Straße erscheint nun, den Hauswänden entlanglaufend, Fausto. Vor seiner Haustür angelangt, tritt er ein.

Wohnzimmer in Faustos Haus. Innen. Nacht.

Fausto schließt die Tür, er stampft mit den Füßen auf und schlenkert die Arme, um das Regenwasser abzuschütteln. Er durchquert die dunkle Wohnküche und öffnet die Tür zu seinem Zimmer. Er tritt ein und schließt die Tür mit einem Knall. Das Haus, in dem Fausto wohnt, ist bescheiden, wenn nicht gar ärmlich.

Zimmer von Faustos Vater. Innen. Nacht.

In einem anderen Zimmer des Hauses hebt ein Mann von etwa fünfzig Jahren, mit einem Käppchen auf dem Kopf, den Blick von seiner Arbeit. Es ist Faustos Vater. Auf dem Tisch vor ihm liegen verschiedene Baupläne.
Daneben stehen ein Teller mit den Resten einer sehr bescheidenen Mahlzeit und eine Flasche Wein. Offensichtlich arbeitet der Mann schon seit einigen Stunden. Er ist in Hemdsärmeln.
Faustos Vater will sich gerade wieder an die Arbeit machen, als ein Geräusch aus Faustos Zimmer ihn veranlaßt, langsam aufzustehen und zur Tür zu gehen.

Faustos Zimmer. Innen. Nacht.

Fausto hat einen Koffer auf das Bett geworfen und stopft ihn hastig mit Wäsche und persönlichen Dingen voll.
Plötzlich öffnet sich hinter ihm die Tür und der Vater erscheint.

Vater (sehr spöttisch): Ach, du bist es. Bist du schon zu Hause? Wegen des Regens ...

Wie ein ertappter Dieb versucht Fausto, den Koffer mit seinem Körper abzudecken, aber der Vater entdeckt ihn, und sein Gesicht verfinstert sich.

Vater (Verdacht schöpfend): Was machst du da?

Fausto entschließt sich zu sprechen. Er ist sehr aufgeregt und versucht, seinen Worten eine Überzeugungskraft zu geben, die sie bei sonstigen Gesprächen mit dem Vater nicht haben.

Fausto: Hören Sie, Papa! ... Ich muß weg ... Ich fahr jetzt weg ... Es geht um ein Geschäft ... Erinnern Sie sich, daß ich Ihnen etwas von jemandem in Mailand erzählt habe, der vielleicht eine Stellung für mich gefunden hat? ... ich hab darüber nachgedacht ... Ich fang an zu arbeiten.

Vater: Um diese Zeit? (Pause – dann, entschlossen) Was ist passiert?

Fausto (naiv): Gar nichts. Ich fang an zu arbeiten. Sind Sie nicht zufrieden?

Vater: Was ist das für eine Arbeit?

Fausto: Nun, es ist eine Gesellschaft ... Sie haben eine Gesellschaft gegründet ... sehr seriöse Leute ... Übrigens, könnten Sie mir 5000 Lire geben, für die Fahrkarte? Sobald ich dort bin, geb ich sie Ihnen zurück.

Faustos Vater nähert sich dem Jungen und packt ihn bei der Brust.

Vater: Sag mal, du Gauner, was hast du gemacht? Was hast du gemacht?

Fausto (etwas ängstlich): Gar nichts. Ich fang an zu arbeiten ... Warum glauben Sie mir nicht? Ich nehm den Ein-Uhr-Schnellzug ...

Moraldo (von der Straße aus; off): Fausto!

Kurze Stille. Dann schrillt der Ton der Türglocke durchs Haus.

Straße vor Faustos Haus. Außen. Nacht.

Moraldo steht vor Faustos Haus. Im Schutz des Dachvorsprungs des gegenüberliegenden Hauses, dicht an die Mauer gedrängt, stehen Alberto, Riccardo und Leopoldo. Mit einem metallischen Knacken öffnet sich die Tür, und Moraldo betritt Faustos Haus.

Faustos Zimmer. Innen. Nacht.

Fausto will zur Tür gehn, um zu öffnen, aber der Vater hält ihn mit einer kurzen Geste zurück.

Vater: Bleib hier, ich gehe.

Straße vor Faustos Haus. Außen. Nacht.

Im Regen vor der Haustür wiederholt Moraldo mit halblauter Stimme ...

Moraldo: Fausto.

Er bleibt überrascht stehen, als er Faustos Vater vor sich sieht.

Korridor in Faustos Haus. Innen. Nacht.

Fausto wendet der Kamera den Rücken zu. Er steht auf der Schwelle seines Zimmers. Im Hintergrund ist die große Haustüre von seinem Vater geöffnet worden. Vor diesem steht jetzt Moraldo.

Moraldo (ruhig): Guten Abend, Signor Francesco, guten Abend. Wie geht es Ihnen?

Nach kurzem Schweigen wendet sich der Vater argwöhnisch und fragend zu Fausto, der sich nicht gerührt hat.

Fausto (der Situation ein Ende bereitend): Ah, Moraldo! Ciao, komm rein! Komm, komm! Komm hierher.

Moraldo, mit einem abwesenden melancholischen Lächeln, geht durch den Korridor und betritt Faustos Zimmer; er ist etwas befangen und vermeidet es, seinen Freund anzusehen.

Faustos Zimmer. Innen. Nacht.

Fausto: Setz dich. (zum Vater) Entschuldigung, Papa, Sie verstehen ...

Nach kurzem Zögern schließt Fausto die Türe. Auch er vermeidet es, Moraldo anzusehen und geht zum Bett zurück, um weiterhin entschlossen seinen Koffer zu füllen. An die Wand gelehnt, ist Moraldo mit gesenktem Kopf stehen geblieben.

Fausto: Hast du gesehen, wie's gießt ... das Ende der Saison. Schade! (Pause) Willst du eine rauchen?

Fausto hält Moraldo ein Päckchen Zigaretten hin ...

... da, nimm.

Moraldo (ohne das Paket anzurühren): Du hast ja nur noch eine.

Fausto: Nein, das macht nichts. Nein, ich rauche nicht.

Nach kurzem Zögern nimmt Moraldo die Zigarette. Fausto gibt ihm Feuer.

Fausto: Das dauert noch mindestens drei Tage. Ein ganz schöner Wolkenbruch, nicht?

Dann geht er zu seinem Koffer zurück.

Moraldo: Also ... du fährst weg?

Fausto (mit gespielter Sorglosigkeit): Ja, ich geh weg.

Moraldo: Bleibst du lange fort?

Fausto: Ich weiß nicht ... je nachdem ...

Moraldo sieht auf seine brennende Zigarette und faßt endlich Mut.

Moraldo (leise): Und Sandra?

Fausto (unerschüttert): Sandra! (mit aufgesetzter Heiterkeit) Sie wurde doch zur ›Miss Sirena‹ gewählt. Sie sah großartig aus. Sie freut sich doch, nicht?

Moraldo (mit ruhiger Stimme): Sandra erwartet ein Kind.

Fausto bleibt betroffen und unbeweglich stehen, aber mit komödiantischer Routine nimmt sein Gesicht ganz schnell den Ausdruck tiefsten Schmerzes und edelsten Opferwillens an. Mit einem Ruck dreht er sich nach Moraldo um und sieht ihn an.

Fausto (mit leiser, zitternder Stimme): Ja, ich weiß und deswegen fahre ich weg. Versuch doch, mich zu verstehn, Moraldo! Ich möcht's wiedergutmachen ... aber, wie soll ich das?

Er sieht Moraldo an, als erwarte er von diesem eine Antwort. Moraldo schweigt und vermeidet es, Fausto anzusehen.

Fausto: Jetzt bin ich ohne Arbeit, wie du. Ich habe keine Lira und deswegen gehe ich nach Mailand. Ich will versuchen, mir dort eine Stellung zu schaffen. Ja natürlich, sobald ich dort klar bin, komm ich zurück. Ich komme gleich wieder zurück.

Eine weitere peinliche Pause.

... Glaubst du das nicht?

Moraldo sieht Fausto mit seinem traurigen Lächeln an.

Moraldo: Ich habe nichts gesagt.

Fausto nähert sich Moraldo, als wolle er sprechen, seufzt auf und geht zum Fenster, seinem Freund den Rücken zukehrend.

Fausto: Siehst du, Moraldo, wir beide verstehen uns ja. Ich mag Sandra wirklich gern ... ich schwöre es dir. Schau mal, ich schwöre es dir auf was du willst. Soll ich es beim

Haupte meiner Mutter schwören? Ich liebe sie wirklich. Es war eben Pech.

Er wendet sich langsam um, sieht Moraldo an, als spreche er über ein Unglück, das anderen zugestoßen ist.

Er schüttelt den Kopf und, als er sieht, daß Moraldo sich nicht gerührt hat, fährt er fort:

... Nun sag mir die Wahrheit. Wenn du in meinen Schwierigkeiten stecken würdest, würdest du dann nicht auch versuchen, dir zuerst eine Stellung zu verschaffen? Wie?

Moraldo hebt den Kopf.

Moraldo: Ich weiß nicht ... tja und was dann?

Fausto kehrt zum Bett zurück, schließt den Koffer und hat einen plötzlichen Einfall. Er wendet sich Moraldo zu, als ob er ihm einen Ausflug vorschlagen wollte.

Fausto (sich begeisternd): Moraldo, warum fährst du nicht mit mir weg?

Der Vorschlag verwirrt Moraldo. Fausto begeistert sich immer mehr bei dem Gedanken.

Fausto (leidenschaftlich): Aber ja doch, fahren wir weg ... Was machst du schon hier in diesem Winter?

Moraldo: Was redest du denn?!

Fausto: Wenn wir keine Arbeit in Mailand finden, macht das nichts ... dann versuchen wir es woanders ...
Wir haben doch immer schon gesagt, daß wir wegwollten!

Moraldo: Jetzt?!

Fausto: Ich versichere dir, das ist eine gute Gelegenheit. Es ist eine gute Gelegenheit und Sandra wird sehr glücklich sein, du wirst sehn. – Na los, komm!

Fausto ergreift den Koffer, nimmt den Regenmantel und die Mütze vom Stuhl und geht zur Tür. Er ist heiter. Ihm kommt es vor, als habe er die Situation gelöst.

Fausto: Komm, wir sprechen draußen weiter. Sei still und leise, komm, gehn wir! Lösch das Licht!

Er öffnet die Tür und sieht mitten auf dem Korridor seinen Vater mit finsterem Blick stehen. Er schaut Fausto in die Augen. Fausto versucht ein Lächeln.

Korridor. Innen. Nacht.

Fausto: Oh, Papa! Entschuldige, Moraldo.

Nach einer Verlegenheitspause wendet sich Fausto an seinen Vater:

Papa ... geben Sie mir die 5000 Lire?

Bei diesen Worten kommt der Vater drohend auf den jungen Mann zu. Vor Zorn verstümmelt und verschluckt er seine Worte.

Vater: Was willst du? 5000 Lire? Für was denn? Zum Wegfahren?

Fausto: Nein, Papa.

Vater: Erst was ausfressen und dann abhauen ...

Fausto: Was bringt Sie denn darauf?

Vater: Ich bring dich um!

Fausto versucht, die Türe zu öffnen, aber sein Vater stürzt sich auf ihn und verabreicht ihm eine kräftige Kopfnuß.

Fausto schwankt und fällt in eine Ecke des Korridors. Er bedeckt sich schützend den Kopf mit den Händen, wie ein Kind.

Fausto: Papa, ich bitte Sie.

Vater: Schrei nicht! Komm her und schrei nicht!

Fausto: Was machen Sie denn, Papa?

Der Vater stürzt sich erneut auf ihn, aber Fausto entwischt ihm und sucht Deckung in einer anderen Ecke.

Vater: Aber eins schwör ich dir ...

In seinem Zorn, den er jetzt nicht mehr unter Kontrolle hat, wirft er Stühle um, schiebt den Tisch beiseite und holt Fausto ein. Er will ihn wieder schlagen, als Moraldo dazwischentritt und ihm die Hand festhält.

Moraldo: Signor Francesco!

Vater: Verschwinde, du Schlappschwanz!

Er stößt Moraldo heftig zurück, und es gelingt ihm, Fausto bei der Haustüre zu schnappen.

Vater: Ich schwöre dir beim Grab deiner armen Mama, daß das das letzte Bubenstück war, das du anstellst. Der Vater dieses Mädchens ist ein Ehrenmann, wie ich. Er hat sein Leben lang gearbeitet, wie ich Dummkopf! Um seine Familie in Ehren durchzubringen! Aber dich bringe ich in die Kirche! (fast heulend) Du wirst's erleben, daß ich dich mit Fußtritten hintreibe! Du Lump!

Er schluchzt auf und läßt von Fausto ab; sich die Augen trocknend geht er zum Ende des Korridors, wo verschlafen Faustos jüngere Schwester aufgetaucht ist; sie ist im Nachthemd.

Schwester: Was ist denn los, Papa?

Vater: Nichts. Geh rein, zurück ins Bett. (er wendet sich wieder Fausto zu und sagt mit vom Weinen belegter Stimme) Du heiratest sie doch, hä? Das sag ich dir, du heiratest sie!

Moraldo ist mit gesenktem Kopf stehen geblieben, an die Wand gelehnt, unbeweglich.

Schweigend öffnet Fausto die Haustür, tritt über die Schwelle und sieht plötzlich Riccardo, Leopoldo und Alberto vor sich stehen. Wie ertappt weichen die drei ein paar Schritte zurück.

Straße mit Faustos Haus. Außen. Nacht.

Alle starren Fausto schweigend an. Offensichtlich haben die drei Freunde alles mit angehört.

Riccardo: Ciao, Fausto.

Mit einem schweren Seufzer senkt Fausto den Kopf. Alberto beginnt zu lachen. Zuerst ist es nur ein gurgelndes, unterdrücktes Lachen, das aber immer kräftiger, lauter und spöttischer wird.

Fausto: Ja, nur weiter so, ihr Schwachköpfe, jetzt wo mein Vater weint!

Alberto hat sich von der Gruppe getrennt, deutet auf Fausto und hält sich vor Lachen den Bauch, er lehnt sich an die Wand, als würde er sich totlachen.

Kirche. Innen. Tag.

Auf der Orgelempore singt Riccardo mit Hingabe das Ave Maria von Schubert. Das Orgelspiel und die Stimme des Tenors erfüllen das weite Gewölbe der mittelalterlichen Kirche.

Sprecher (off): Und in der Tat haben sie geheiratet. Es war eine schöne Hochzeit, auch wenn sie etwas in Eile vorbereitet worden war. Riccardo sang das Ave Maria von Schubert und brachte alle zum Weinen. Und der Pfarrer, der uns alle von Kindheit an kannte, hielt eine sehr bewegende Ansprache.

Pfarrer (mit bebender Stimme): Liebe Brautleute! Ihr könnt euch gar nicht vorstellen, mit welcher Freude ich euch jetzt im Ehebund vereint habe. Und du, lieber Fausto ... und du, liebe Sandra ...

Riccardos Stimme und das Orgelspiel werden lauter.

Alberto beglückwünscht Fausto, der sichtlich bewegt ist.

Alberto: Nun, siehst du, es hat nur einen Augenblick gedauert ... bravo!

Die Zeremonie ist zu Ende. Die Orgel spielt zum Schluß ein paar laute Schnörkel. Im Bestreben, den widersprüchlichen unbeholfenen Anordnungen von Sandras Vater und anderen Wohlmeinenden Folge zu leisten, hat man sich wirr und ungeordnet für den Auszug aus der Kirche aufgestellt. Aufgeregt lächelnd gehen Fausto und Sandra voraus und werden auf Schritt und Tritt von irgendwelchen Leuten aufgehalten und mit Küssen bedeckt.

Fausto ist ehrlich aufgeregt und bedankt sich mit leuchtenden Augen bei allen. Er läßt sich küssen und nickt unablässig allen zu.

Fausto (sehr bewegt): Danke, danke euch allen ... es war sehr schön ... danke ... Ihr seid lieb.

Hinter den Brautleuten formiert sich der Zug: Faustos Vater, eingezwängt in einen blauen Anzug, führt Sandras Mutter am Arm. Er ist sichtlich verschüchtert. Vier oder fünf Mädchen mit langen weißen Handtäschchen hüpfen aufgeregt und neugierig vor den Brautleuten her dem Ausgang zu.

Zuhinterst geht Moraldo, mit seinem abwesenden Lächeln betrachtet er die Decke und die brennenden Kerzen.

Ein Fotograf hält die Gruppe an, die sich dem Ausgang zu bewegt: das obligate Foto.

Bahnhof. Außen. Tag.

Der Zug pfeift und setzt sich in Bewegung; Fausto und Sandra stehen am Fenster eines Wagens der Ersten Klasse. Sandra wischt sich mit dem Taschentuch die Augen, Fausto winkt.

Sandra (unter Tränen): Ciao, Mama ...

Auf dem Bahnsteig stehen zwei gesonderte Gruppen: in der ersten befinden sich die Verwandten (Sandras Eltern, Tanten, Faustos Vater und dessen Tochter, ein kleines Mädchen). Zur

zweiten Gruppe gehören Leopoldo, Moraldo, Alberto, Riccardo und Albertos Schwester.
Alle winken mit Taschentüchern. Dann bleiben sie stehen und sehen schweigend dem Zug nach, der die Station schon hinter sich gelassen hat. Giudizio, der Dorftrottel, läuft, seinen kleinen Karren schiebend und fröhlich brüllend, hinter dem Zug her. Man sieht Fausto, der sich aus dem Fenster lehnt.

Fausto (schreit): Ciao, Papa!

Faustos Vater ist von Rührung überwältigt und winkt nur leicht.

Bahnhofplatz. Außen. Tag.

Die ganze Schar der Hochzeitsgäste kommt aus dem Bahnhof. Nur Moraldo bleibt noch länger auf dem Bahnsteig und sieht, mit dem ihm eigenen melancholischen abwesenden Blick, dem sich entfernenden Zug nach.
Der Bahnhofplatz liegt öde und verlassen da. Bei der Einmündung der Hauptstraße stehen zwei Kutschen.
Eine kurze Pause, das Gefühl des Unbehagens steigert sich. Dann wendet sich Sandras Mutter, indem sie Faustos Vater, der etwas abseits steht, ihre Geringschätzung spüren läßt, ihrem Mann zu und sagt laut . . .

Sandras Mutter: Na, was ist? Wollen wir gehen?

Sandras Vater (sichtlich verlegen, zu Faustos Vater): Signor Francesco . . . wir möchten uns von Ihnen verabschieden . . .

Faustos Vater kommt näher und beeilt sich, etwas linkisch Sandras Vater die Hand zu drücken, die dieser ihm entgegenstreckt. Das Mädchen ist hinter ihm stehen geblieben.

Faustos Vater: Danke, Signor Rubini . . . (er gibt sich einen Ruck) Sie werden sehen, Fausto ist kein übler Bursche, wissen Sie . . .

Die Rührung schnürt ihm die Kehle zu. Er lächelt. Um ihm in seiner Verlegenheit zu helfen, streichelt Sandras Vater dem Mädchen, das näher gekommen ist, den Kopf.

Sandras Vater: Und das ist Ihr Töchterchen, die Jüngste?

Faustos Vater (mit einem wehmütigen und dankbaren Lächeln): Ach, die ist brav . . .

Jetzt mischt sich Sandras Mutter ein.

Sandras Mutter (brüsk): Es ist also abgemacht, daß Ihr Sohn in unserem Haus wohnen wird. Wenigstens so lange er nicht fähig ist, sich eine eigene Wohnung zu besorgen ... Guten Tag.

Die Gruppe der Vitelloni beobachtet die Szene aus der Entfernung.

Alberto: Warum behandelt sie ihn so?

Sandras Mutter entfernt sich, gefolgt von ihrem Mann und der kleinen Gruppe der Verwandten, die Faustos Vater zurückhaltend grüßen. Faustos Vater, mit dem Hut in der Hand, verbeugt sich etwas linkisch und bleibt dann einige Zeit unbeweglich mit dem Mädchen neben sich stehen. Hinter ihm löst sich aus der Gruppe der Vitelloni, die die peinliche Szene miterlebt haben, Riccardo und geht auf ihn zu.

Riccardo (mit heller Tenorstimme): Dürfen wir Sie zu etwas einladen, Signor Francesco?

Nach kurzem Zögern bedankt sich Faustos Vater mit einem Lächeln.

Faustos Vater: Nein, danke, Riccardo. Ich geh nach Hause.

Er entfernt sich und führt das Mädchen an der Hand. Nach einigen Schritten wendet sich das Kind um und schaut rückwärts hüpfend zu den vier jungen Leuten, die allein dort stehen. Sehr weit hinten sieht man Giudizio hinter seinem Karren hertrippeln.

Billard-Café. Innen. Nacht.

Alberto und Riccardo spielen eine Partie Billard ›all'italiana‹. Leopoldo sitzt neben der Bande und markiert auf einer Tafel die Punkte. Moraldo sitzt auf einem Stuhl, dessen Lehne die Wand berührt, mit seinen Füßen stößt er sich vom Billard ab und schaukelt leicht.

Straße. Außen. Nacht.

Nachdenklich schlendern die vier dahin. Riccardo versetzt einer leeren Büchse einen Fußtritt.

Riccardo: Sagt, was ihr wollt. Er ist in Rom, und wir sind hier in diesem Drecksnest (er setzt den Hut auf und summt eine Melodie).

Caruso (dazutretend): Oh, hat der eine schöne Stimme.

Alberto: Stimme? He, was sagt der, Stimme?! Was hat denn das damit zu tun, eine Stimme hat doch jeder. (wendet sich Moraldo zu) Sag mal, hast du nie was von der Geschichte zwischen Fausto und deiner Schwester bemerkt? Denn, wirklich, wenn wir objektiv sein wollen ... Fausto ist ein echter Dreckskerl.

Riccardo bleibt stehen und wendet sich an die anderen.

Riccardo: Aber es ist ein hübsches Paar. Sie sahen schön aus zusammen.

Alberto: Was? Ein hübsches Paar? (kichert) Sie ist reizend. Sie ist ein hübsches Mädchen. Aber Fausto nicht! Fausto hat doch ein häßliches Gesicht.

Riccardo: Nein, er hat eine schöne Figur, er ist gut gewachsen.

Leopoldo: Nein, ein Dreckskerl ist er nicht ... Ich würde eher sagen, er ist triebhaft ... leidenschaftlich ... Gibst du mir Feuer? Im Grunde animalisch.

Alberto: Was sagst du? Was redest du da? Der glaubt immer, er schreibt an einer Komödie. Er ist ein Schwein, ein Mistvieh ... Das ist genauso, als würde einer von euch etwas mit meiner Schwester anfangen.

Riccardo: Oh, mit deiner Schwester würd ich sehr gern was anfangen.

Alberto sieht ihn an und will ihm scherzhaft eine Kopfnuß versetzen, der Riccardo aber ausweichen kann. Er macht einen Sprung bis zur leeren Büchse und holt aus, um ihr einen Fußtritt zu versetzen.

Riccardo: Hep!

Er tritt die Büchse, so daß sie Alberto vor die Füße rollt. Alberto stoppt sie mit dem Fuß, macht eine Finte und befördert sie mit einem präzisen Paß zu Leopoldo. Leopoldo tritt nach ihr, verfehlt sie aber.

Riccardo: Steilpaß! ...

Riccardo läuft herbei und gibt der Büchse einen weiteren Fußtritt, so daß sie weit fortrollt. Kaum hat sich der Lärm gelegt, als aus einer Straße, die quer zu derjenigen läuft, auf welcher unsere vier Freunde gehen, eine etwa vierzigjährige Prostituierte auftaucht. Sie ist klein und schwächlich und schleppt sich nur mühsam voran. Sie wirft einen mißtrauischen Blick auf die vier

jungen Leute, die jetzt nähergekommen sind und sie zu hänseln beginnen. Als die Frau mit immer saftigeren Ausdrücken bedacht wird, fordert Moraldo seine Freunde auf, sie in Ruhe zu lassen. Die Prostituierte reagiert gereizt: offensichtlich ist sie diese Art von Scherzen gewohnt. Sie zieht an ihrer Zigarette.
Riccardo hat die Büchse wieder erreicht und gibt ihr einen erneuten Tritt. Über dem Bild der vier Freunde, die sich singend entfernen, hört man die Stimme des Sprechers.

Sprecher (off): Und jetzt, was könnten wir sonst noch tun? Auch dieser Tag ist zu Ende gegangen. Uns bleibt nichts anderes übrig, als nach Hause zu gehen, wie jeden Abend.

Korridor in Albertos Haus. Innen. Nacht.

Alberto gibt seiner Mutter, die noch angekleidet ist, einen Kuß; auf dem Weg zu seinem Schlafzimmer wirft er einen Blick in das Zimmer seiner Schwester.

Sprecher: Alberto weiß, daß seine Mutter nicht zu Bett geht, bevor er nach Hause gekommen ist.

Olga tippt auf der Schreibmaschine. Auf ihrem Tisch liegen einige Hauptbücher, die sie offenbar aus dem Büro mitgebracht hat. Olga beantwortet Albertos Gruß, indem sie ein schwaches Zeichen mit der Hand macht. Alberto geht in sein Zimmer.

Riccardos Zimmer. Innen. Nacht.

Riccardo steht in Pyjamahosen mit nacktem Oberkörper vor dem Spiegel des Schranks, drückt die Brust heraus und zieht den Bauch ein. Eine kleine Geste drückt seine Unzufriedenheit aus.

Sprecher: Wie jeden Abend, merkt Riccardo, daß er fetter wird.

Leopoldos Zimmer. Innen. Nacht.

Leopoldo setzt sich an seinen winzigen Schreibtisch.

Sprecher: Nachdem Leopoldo das Abendessen verzehrt hat, das die Tanten ihm ins Zimmer gestellt haben, begibt er sich auch heute abend wieder an die Arbeit an seiner neuesten Komödie. Er hat seine Lieblingsplatte ›Vola nella Notte‹[1] aufgelegt und sitzt an seinem Tisch ... Er schraubt die Kappe seines Füllfederhalters ab.

Leopoldo hat den Füllfederhalter aufgeschraubt.

Leopoldo zeichnet eine Blume auf ein Blatt Papier.

Leopoldo sieht zur Decke.

Sprecher: Er zeichnet ein kleines Dreieck ... und sucht an der Decke nach einer Person seines Stücks.

Leopoldo springt auf, geht zum Fenster, das auf einen engen Hof hinausgeht. Er greift zu einem langen Rohr und klopft damit an ein gegenüberliegendes Fenster.

Leopoldo: Caterina.

Das gegenüberliegende Fenster öffnet sich. In seinem Viereck erscheint ein verschlafenes Mädchen mit wirren Haaren.

Sprecher: Es ist das Dienstmädchen der Nachbarn gegenüber.

Leopoldo (leise): Wie geht's dir, Caterina?

Mädchen: Schlecht bei der Kälte. Und dir?

Leopoldo (leise): Gut ... Ich arbeite.

Mädchen (nachdem sie gegähnt hat): Wie schön der Mond ist.

Leopoldo (verführerisch): So schön wie du!

Das Mädchen ist geschmeichelt, macht aber eine spöttische Bewegung.

Mädchen: Mm! ... Lügner! Warum spielst du immer dieses Lied?

Leopoldo: Nun, es inspiriert mich, weißt du!

1 ›Flieg durch die Nacht‹

Platz. Außen. Nacht. – Straße. Außen. Nacht.

Moraldo steht bewegungslos mitten auf der Straße.

Sprecher: Auf der menschenleeren Straße bleibt, wie jeden Abend, nur Moraldo zurück.

Durch die nächtliche Stille hört man die Schläge der Turmuhr. Moraldo, der aus der Tasche die Schlüssel geholt hat, um seine Haustür zu öffnen, hält inne und horcht auf das Echo der langsamen Glockenschläge. Als der letzte Klang in der Luft verhallt ist, hört man das Pfeifen eines Zuges. Statt die Tür zu öffnen, bleibt Moraldo still und nachdenklich stehen. Er setzt sich auf eine kleine Bank und blickt nach oben zum sternübersäten Himmel.

Moraldo (für sich): Und wenn ich nun auch wegfahren würde?

Er wird durch trippelnde Schritte aus den Gedanken gerissen. Irgendjemand nähert sich, leise pfeifend. Moraldo wendet sich um, und aus einer Seitenstraße sieht man plötzlich im Lichte der Straßenlaternen einen Jungen kommen. Er trägt Arbeitskleidung und hat auf dem Kopf eine Eisenbahnermütze. Als er Moraldo sieht, der unbeweglich im Schatten sitzt, bleibt er unvermittelt stehen, als sei er erschrocken.

Moraldo (lächelt ihm freundlich zu): Ciao. Noch unterwegs? Um diese Zeit? Es ist schon drei Uhr. Gehst du nicht zu Bett?

Ruhig kommt nun der Junge zu Moraldo. Unter dem verschmierten Mützenschirm wird sein wunderliches lustiges Gesicht sichtbar.

Junge: Ich bin gerade aufgestanden. Ich stehe immer um drei Uhr auf. Jeden Morgen.

Moraldo (überrascht, ernst): Und wohin gehst du?

Junge: Ich arbeite im Bahnhof.

Moraldo ist betroffen und reagiert mit komischem, kurzem Lachen. Dann streckt er die Hand aus und fährt dem Jungen durchs Haar.

Moraldo: Was heißt da ›arbeiten‹?

Junge: Ich arbeite dort, im Bahnhof.

Moraldo: Ach was, komm her, setz dich. Was machst du? Was für eine Arbeit machst du?

Junge: Ich hab dir's gesagt, ich arbeite.

Moraldo (nimmt ihm seine Mütze ab) Dann ist das da eine Eisenbahnermütze?

Junge: Ja.

Moraldo: Na, nu' sag mal, und gefällt dir das?

Junge (zuckt die Achseln): Och, ich hab's da ganz gut.

Moraldo: Willst du eine Zigarette?

Junge (nickt): Ja ...

Moraldo sucht in der Tasche und muß unangenehm berührt feststellen, daß er keine Zigaretten hat.

Moraldo: Oh, tut mir leid, ich hab keine mehr.

Als wolle er Moraldo die Verlegenheit ersparen, geht der Junge rückwärts davon.

Junge: Macht nichts ... Guten Tag.

Moraldo: Hör mal ...

Der Junge entfernt sich mit trippelnden Schritten mitten auf der Straße.

Junge: Ciao.

Moraldo: Ciao.

Hof. Außen. Tag.

Ein älteres Männchen, das auf der Stirne eine amerikanische Sonnenblende trägt, werkelt mit starrem Blick an einem komplizierten Apparat herum, der mit Flügeln und Propellern versehen ist.

Durch das Hoftor tritt Alberto ein. Er geht zu dem Männchen und betrachtet den Apparat mit sachkundigem Blick.

Alberto: Guten Tag, Herr Ingenieur. Was macht die fliegende Kiste?

Ingenieur (zurückhaltend und etwas mißtrauisch): Es macht sich, es macht sich.

Der Ingenieur verfolgt mit ängstlicher Spannung die Bewegungen eines Propellers.

Alberto: Und wann fliegen wir?

Ingenieur (bestimmt): Früher, als meine Gegner es möchten.

Er wirft Alberto einen Blick zu.

Alberto (im Weggehen): Alles Gute, Herr Ingenieur.

Alberto geht zu einem vergitterten Fenster, durch welches man in ein Büro sieht mit hohen Regalen, die voller Aktenordner stehen. Am Tisch neben dem Fenster sitzt Olga. Sie arbeitet an einer Rechenmaschine und überprüft Rechnungen.

Alberto (leise): Olga, Olgachen.

Olga wendet sich um, nimmt ihre Brille ab und sieht ihren Bruder mit ernster Miene an.

Alberto (leise): Ist der Chef da?

Olga überhört diese Frage.

Olga: Was willst du?

Alberto: Hör mal, Olga, du mußt mir einen Gefallen tun... Am Sonntag mache ich ein Geschäft und geb dir's dann zurück. (Er hebt geziert einen Finger) Leihst du mir tausend Lire?

Olga sieht ihn lange an. Sie ist sichtlich müde.

Alberto (schmeichlerisch, mit gespielter Anteilnahme): Du hast die ganze Nacht gearbeitet, wie? (leise) Aber ich werd's dem Kerl sagen, hörst du? Damit er dir dein Gehalt erhöht.

Olga öffnet ihre Tasche und nimmt eine Banknote heraus.

Olga: Ich kann dir nur 500 geben.

Riccardo (pfeift; off): Albertone!

Alberto blickt zum Hoftor, von wo aus Riccardo ihm drängend zuwinkt. Alberto nimmt das Geld der Schwester.

Alberto: Danke, Olgachen, danke.

Mit einer grüßenden Geste lächelt er ihr zu und geht dann zu Riccardo.

Riccardo ist außer Atem.

Riccardo: Hör mal, Massimo und Leopoldo fahren nach Bologna. Zu den Trabrennen.

Alberto: Na, und?

Riccardo: Sie haben mir ein ganz sicheres Pferd genannt, warum sollen wir nicht auch was drauf setzen? Tausend Lire wären genug. Ich habe 300. Wieviel hast du?

Olga, die das Gespräch mit angehört hat, geht kopfschüttelnd zurück an die Arbeit.

Leopoldos Haus. Außen. Tag.

Alberto steht breitbeinig mitten auf der Straße und pfeift zu den Fenstern von Leopoldo hinauf. Dort zeigen sich gleichzeitig zwei alte Frauen. Seine Tanten.

1. Tante: Leopoldo schläft.
2. Tante: Er hat die ganze Nacht gearbeitet.
Alberto: Sie müssen ihn wecken. Es handelt sich um ein Geschäft. Er soll sofort in die Garage von Riccardo kommen.

Moraldos Haus. Außen. Tag.

Moraldo trägt ein Unterleibchen und beugt sich ungekämmt und mit verschlafenen Augen aus dem Fenster. Er schaut hinunter zu Leopoldo, der sich die Krawatte zurechtrückt.
Leopoldo (ruft): Ich glaube, es geht um ein Geschäft. Komm runter. Du sollst auch mitkommen.
Moraldo: Sofort.
Moraldo geht vom Fenster weg.

Gäßchen. Außen. Tag.

In dem alten, mittelalterlichen Gäßchen, das sich zwischen Privatgärten hinzieht, befinden sich auch ein paar Garagen, eine Schlosserwerkstatt und einige Lagerschuppen.
Männer arbeiten. Kinder spielen, Frauen waschen und hängen Leintücher auf, Hühner flattern herum.
In einer Ecke hat sich eine Gruppe gebildet, bestehend aus Leopoldo, Moraldo und einem alten Ehepaar. Er ist ein kräftiger, dicker Mann, mit rotem Gesicht, sie eine dicke Bäuerin, mit Goldschmuck um den Hals.
Alle vier sehen zu einer Garage hin, aus welcher jetzt langsam eine alte Limousine, von Riccardo sehr vorsichtig gesteuert, herausfährt.
Kinder begleiten diese ungewöhnliche Erscheinung mit freudigen und überraschten Rufen.
Riccardo zieht die Handbremse an, und mit einem Ruck bleibt die jämmerliche Karre stehen. Riccardo springt heraus und wendet sich mit strahlendem Lächeln dem Ehepaar zu.
Riccardo: Na ... (als wolle er sagen, ›Was sagt ihr jetzt?‹ Dann wendet er sich an Leopoldo) Na und Sie? Gefällt Ihnen der Wagen?

Leopoldo, der offensichtlich den ›zweiten Käufer‹ spielen soll, nickt ernsthaft.

Leopoldo (bedeutungsvoll): Er ist schon ganz beachtlich.

Die Frau wendet sich etwas verdrießlich an ihren Mann und sagt leise und mißtrauisch zu ihm ...

Frau (im Dialekt): Ist der nicht zu groß?

Moraldo (tut erstaunt): Groß? ... Das meine ich nicht.

Leopoldo (beistimmend): Heutzutage, Signora, werden alle Wagen so gebaut.

Riccardo (sagt zu dem Mann, auf Leopoldo weisend): Auch der Herr hier ist am Wagen interessiert ... Wenn es Ihnen recht ist, machen wir, alle zusammen, eine Probefahrt.

Mann: Oh, meinetwegen ...

Leopoldo (zu Riccardo): Es muß schmerzlich sein, sich von so einem Wagen zu trennen ...

Riccardo hat inzwischen den Schlag des Wagens geöffnet und macht dem Mann und der Frau ein Zeichen einzusteigen.

Riccardo: Bitte, bitte ... (zu Leopoldo) Ich würde ihn nicht verkaufen, wenn ich nicht nach Paris müßte ... Vorwärts, Signore, wir machen diese Probefahrt, und dann werden Sie sehn, daß Sie gar nicht mehr aussteigen wollen ...

Leopoldo hat die Frau beim Handgelenk gefaßt und zieht sie beiseite.

Leopoldo (leise): Einen Augenblick ... Entschuldigen Sie, Signora, vielleicht ist Ihnen ein unbedeutendes Detail entgangen. Schauen Sie.

Er deutet auf ein Adelswappen, das an den Wagenschlag gemalt ist.

Leopoldo: Das ist das Wappen eines Marchese. Wie vornehm! (zu Riccardo) Ich hatte es gar nicht bemerkt.

Moraldo (deutet auf die andere Wagentür): Hier ist auch eines.

Der Mann, dessen Augen beinahe in seinem fetten Gesicht verschwinden, sagt etwas mißtrauisch zu Riccardo ...

Mann (bedeutungsvoll): Aber ... sagen Sie mal ... na ... Wie weit fährt der mit einem Liter?

Leopoldo (echot in ernstem Ton): Ja, genau, wie weit fährt der mit einem Liter?

Riccardo (im Ton eines Menschen, der Überraschungen zu bieten hat): Steigen Sie ein, steigen Sie ein!

Auto. Innen. Tag.

Mit diesen Worten hat sich Riccardo hinter das Steuerrad gesetzt. Leopoldo nimmt Platz auf einem der beiden Notsitze; während die Frau mit Mühe versucht, es sich bequem zu machen, weist Leopoldo – als könnte er sich vor Überraschung kaum erholen – sie auf allerlei Einzelheiten hin.

Leopoldo: Uuuh! . . . Das ist ja ein kleiner Salon!

Moraldo macht den Mann, der einsteigt, auf etwas aufmerksam.

Moraldo: Da ist ein silberner Aschenbecher.

Leopoldo: Und auch eine Blumenvase aus Kristall, ein Telefon . . .

Er nimmt den Hörer ab und sagt, als wolle er jemandem eine große Überraschung bereiten . . .

Leopoldo: Hier bitte, Signora, wollen Sie sprechen?

Frau (mißtrauisch): Was soll ich denn sagen?

Leopoldo (spricht in den Hörer): Chauffeur, (mit dem Versuch, die andern zum lachen zu bringen) Voulez-vous partir!

Riccardo kann der Versuchung nicht widerstehen, mit einem kurzen Furzgeräusch zu antworten, um Zeit zu schinden, dann wendet er sich an die Frau.

Riccardo: Verzeihung. Sitzen Sie bequem?

Er wartet die Antwort nicht ab und fährt an.

Der Wagen fährt über den Hof. Einige Kinder laufen schreiend vor und hinter dem Wagen her. Die Bewohner des Hofes unterbrechen für einige Augenblicke ihre Beschäftigungen, um dem Auto nachzusehen.

Riccardo: Tolle Federung, nicht?

Mann (hartnäckig): . . . Wie weit fährt der mit einem Liter?

Riccardo: Hören Sie, wir fahren jetzt bei meinem Mechaniker vorbei und nehmen ihn mit. Er wird Ihnen sagen, was das für ein Wagen ist.

Straße vor Albertos Haus. Außen. Tag.

Alberto, der einen Mechanikeranzug trägt, und dessen Gesicht leicht mit Öl verschmiert ist, wartet neben dem Tor und schaut ungeduldig die Straße hinunter.

Um eine Ecke biegt jetzt in gesetztem Tempo der Wagen mit

Riccardo am Steuer. Mit einem bedrohlichen Aufkreischen der Bremsen bleibt das Auto knapp vor Alberto stehen.
Alberto geht auf Riccardo zu . . .

Alberto (mit zutiefst bekümmerter vorwurfsvoller Miene): Es ist nicht richtig von Ihnen, junger Herr, den Wagen zu verkaufen.

Riccardo: Tja, lieber Alberto . . . das Leben! Los, steig hinten ein.

Alberto versucht, den Wagenschlag aufzumachen: er klemmt.

Riccardo: Entschuldige, wenn ich dich belästige, aber du solltest so nett sein und die Vorzüge des Wagens diesen Herrschaften erklären.

Alberto hat weiterhin vergeblich versucht, den Wagenschlag zu öffnen.

Riccardo (leise, mit einem durchdringenden Blick): Steig auf der anderen Seite ein.

Während Alberto um den Wagen herumgeht, um auf der anderen Seite einzusteigen, wendet sich Riccardo vertraulich an das Ehepaar.

Riccardo (leise): Der Junge da war fünfzehn Jahre bei Fiat . . .

Auto. Innen. Tag.

Alberto steigt in den Wagen und setzt sich auf den Platz, den ihm Leopoldo freigehalten hat.

Alberto (geschwollen): Der Motor dieses Wagens ist eine Wucht . . . (Er begrüßt Leopoldo förmlich.) Guten Tag . . .

Lächelnd schaut er das Ehepaar an. Der Mann nimmt seinen ganzen Mut zusammen und meint . . .

Mann: Nun . . . ich glaube nicht, daß das der Wagen ist, den ich brauche . . . Es ist besser, wenn wir aussteigen . . . und Ihnen keine Mühe machen.

Einen Augenblick herrscht Verblüffung. Riccardo und Moraldo wenden sich um. Leopoldo und Riccardo beginnen gleichzeitig zu reden.

Leopoldo (zu Riccardo): Nun, aber ich möchte gern weiterfahren . . .

Riccardo (zum Mann, mit Nachdruck): Sie wollen ihn ja auch ausprobieren, nicht?!

Leopoldo (eine Zigarette anbietend): Na also, sagt ich's doch. Rauchen Sie? Die Signora?

Mann (lehnt Leopoldos Angebot ab): Wir haben keine Zeit ... wir müssen gehn ...

Riccardo (hinterhältig): Wir machen nur ein Fährtchen. Ich bringe Sie zum Bahnhof.

Mann (hartnäckig): Ich wollte einen einfacheren Wagen.

Riccardo (schnell): Und was ist das hier?

Leopoldo (hakt unterwürfig lächelnd ein): Ein ganz einfacher.

Alberto (feierlich): Wenn Sie den da in vier oder fünf Jahren leid geworden sind, dann machen Sie aus ihm einen Lieferwagen. Denn das Material von früher, da können Sie mir nichts sagen, ist eben das Material von früher ... (schnell zu Riccardo) Fahren wir, junger Herr.

Riccardo startet den Wagen.

Leopoldo (sachlich): Heutzutage ist ein Wagen eine Notwendigkeit ... Ein Arbeitsgerät ... Sehen Sie, auch ich gedenke einen zu erwerben, obwohl ich Künstler bin ... (kleine Pause, dann, bescheiden) denn ich bin ja – in erster Linie – Komödiendichter.

Caruso (off): Riccardino!

Straße vor dem Billard-Café. Außen. Tag.

In der Tür des Cafés, vor welchem der Wagen vorbeifährt, steht Caruso und winkt aufgeregt, um die Aufmerksamkeit Riccardos zu erregen.

Caruso: Wo fahrt ihr hin? Ich komme auch mit!

Hinter ihm, hinter der Fensterscheibe des Cafés erscheint der Kellner Antonio, der dem Wagen und seinen Passagieren mit einem Ausdruck der Verachtung und des Mißtrauens nachsieht.

Riccardo (ruft): Später, später!

Caruso (fröhlich): Wo hast du den geklaut?

Auto. Innen. Tag.

Der dicke Mann hat Carusos Satz gehört und wechselt mit seiner Frau einen raschen Blick.

In etwas jammerndem Ton spricht Leopoldo weiter über sich selbst.

Leopoldo: Die letzte, die ich geschrieben habe, befaßt sich mit dem Sexualproblem ... Ganz frech habe ich sie dem Regisseur Salvini nach Rom geschickt, und er hat mir geschrieben, daß er sie lesen wird.

Er zieht aus der Tasche einen zerknitterten Briefumschlag und zeigt ihn der Frau. Alberto nickt beifällig.

Alberto (auf die Komödie anspielend): Ist sie schön?

Leopoldo: Es ist ein starkes Stück.

In diesem Augenblick ertönt aus dem Motor des Wagens, der offensichtlich überhitzt wurde, ein besorgniserregendes Heulen. Der Mann wird aufmerksam und möchte gern eine Erklärung haben.

Leopoldo (fortfahrend): Ja ... ich erwarte sehr viel von meinem Drama. Im übrigen, was gibt es heute schon für Theaterautoren? Nennen Sie mir einen Namen ...

Die Frau sieht Leopoldo starr an, ohne zu antworten. Das Geräusch aus dem Motor hat jetzt seinen Höhepunkt erreicht.

Leopoldo (abschließend): Pirandello ist tot ... wir stehen bei Null!

Moraldo beugt sich zu Riccardo.

Moraldo (auf das Geräusch anspielend): Muß das so sein?

Riccardo, nervös geworden, zuckt die Schultern.

Jetzt deutet der dicke Mann mit seinem fetten Finger auf den Motor.

Riccardo (leise): Ich kann den Gang nicht wechseln, er bleibt hängen.

Mann: Was ist das für ein Geräusch?

Alberto, Leopoldo und Moraldo tun so, als lauschten sie angestrengt.

Alberto: Welches Geräusch?

Frau (besorgt zu ihrem Mann): Es stinkt nach Verbranntem.

Der Lärm hört plötzlich auf und wird von einem heftigen Zischen abgelöst.

Leopoldo (schnell): Das bin ich, Signora ... die Zigarette ...
Beim Versuch, die Zigarette auszudrücken, bleibt ihm der Aschenbecher in der Hand. In diesem Augenblick verkündet Riccardo triumphierend ...

Riccardo (feierlich): Die freie Straße, jetzt gebe ich etwas Gas ... (mit leiser Stimme zu Moraldo) ... Was meinst du, kaufen sie ihn? Was machen sie? Wenn der den Wagen kauft, fahr ich noch morgen weg. Ich gehe nach Rom und komme nicht mehr in dieses Nest zurück. (mit lauter Stimme) Wir fahren 60.

Hinten rühmt Alberto die Vorzüge des Wagens.

Alberto: Was denn, 60! Das sind mindestens 80!

Riccardo (er hat es nicht gehört): 70 ... (singt) Come è delizioso andar sulla carrozzella ...[1] 75

Das Heulen beginnt von neuem, noch stärker als vorher.
Hinten im Wagen klopft sich der Mann die Jacke ab: Bei Leopoldos Versuch, den Inhalt des Aschenbechers aus dem Fenster zu kippen, hat der Wind die Asche hereingeweht.

Mann: Fahren wir zurück. Ich bin wirklich nicht interessiert.

Alberto: Hören Sie, da machen Sie aber eine große Dummheit ... Das da ist ein Traumwagen.

Leopoldo (lächelnd): Entschuldigen Sie bitte, wenn ich mich einmische ... Obwohl dies wirklich der Wagen wäre, der für Sie und Ihre Frau passen würde ... freue ich mich natürlich, wenn Sie ihn nicht nehmen ...

Alberto (zu Leopoldo): Kein Wunder, daß Sie sich freuen. Aber wenn er ihn nicht nimmt ... schnapp ich ihn. Seit sechs Monaten bin ich in ihn verliebt ... 500 000 Lire.

Leopoldo (tut, als sei er sehr erfreut): Was, keine 600 000?! 500 000? Na ja, dann ... ist's abgemacht.

Frau (richtet sich erstaunt auf): Wieviel haben Sie gesagt?

Alberto (schlicht): 500 000 Lire. Was kann man heute schon kaufen für 500 000 Lire?

Mann: Für 500 000 Lire?! – Das werde ich Ihnen gleich sagen.

Riccardo (triumphierend): 80 – (dann leise zu Moraldo) Was sagt er? Ist er zufrieden?

Moraldo (berichtet ganz ernsthaft): Er sagt, daß er für

1 ›Welche Lust, in einer Kutsche zu fahren‹

500 000 Lire vier solche Wagen haben will. Dich als Chauffeur dazu, für ein Jahr, und dann sagt er noch anderes ... wenig Erfreuliches.

Riccardo: Dann sag ihm, er sei ein Provinztrampel (schreit): 85.

Das dicke Gesicht des Mannes erscheint im viereckigen Ausschnitt der Trennwand, zwischen den Schultern Riccardos und Moraldos.

Mann (tippt Riccardo mit dem Finger auf die Schulter): Fahren wir zurück.

Riccardo (wendet sich um): Oh, Sie könnten auch ein bißchen freundlicher sein ... Schließlich fahre ich ja mit Ihnen spazieren.

Mann (schreiend): Schauen Sie nach vorne, Sie gewissenloser Mensch. Fahren Sie zurück.

Riccardo: Spucken Sie mir doch nicht in die Ohren!

Mann: Na, wenden Sie jetzt?! Wir wollen zurück!

Riccardo: Ich wende ja schon. Oh!

Das Auto fährt parallel zur Bahnlinie. Riccardo dreht das Steuer und will auf einem unbewachten Bahnübergang die Linie überqueren.

Mann: Nein, halten Sie, da kommt ein Zug.

Der Mann deutet auf den Horizont, wo der Zug aus einer Kurve auftaucht und heftige Rauchwolken ausstößt.

Riccardo: Der ist ja noch fünf Kilometer weit weg.

Mann (immer aufgeregter): Halten Sie, lassen Sie ihn vorbeifahren.

Riccardo: Und stehn dann hier bis morgen.

Riccardo biegt zum Bahnübergang ein und will das Gleis überqueren – er schaltet in einen anderen Gang.

Nach einem wütenden Zischen stirbt der Motor ab und der Wagen bleibt mit einem Ruck mitten auf dem Gleis stehn.

Einen Augenblick lang wagt niemand etwas zu sagen. In der plötzlichen Stille hört man das Pfeifen des Zugs in der Ferne.

Alberto (sicher, aber nicht allzusehr): He, starte ihn wieder ...

Riccardo betätigt den Zündschlüssel.

Alberto: Gib ihm Luft!

Riccardo (er wird wütend): Die hab ich ihm schon gegeben. Verdammte Scheißkarre!

Die Frau in höchstem Entsetzen.

Frau: Heilige Madonna! Der Zug, der Zug!

Die Frau schließt die Augen. Ihr riesiger Körper beugt sich nach vorne und fällt auf Leopoldo. Sie ist ohnmächtig geworden.

Leopoldo (schreiend): Au, mein Knie!

Alberto (entsetzt): Der Zug!

Leopoldo versucht, sich hinter dem Körper der Frau hervorzuwinden, während der dicke Mann angst- und wuterfüllt vergeblich an der Wagentür rüttelt.

Mann: Das verdammte Ding geht nicht auf!

Leopoldo (wimmert): Mein Fuß ... o mein Gott!

Bahnübergang. Außen. Tag.

Mit Ellbogen und Füßen um sich stoßend, gelingt es Alberto, hinauszuspringen und zur Straße zu laufen.

Alberto (zu den anderen): Schafft den Wagen von da weg!

Riccardo (zu Alberto): Du Feigling, wir müssen schieben. Komm und hilf uns.

Auch Riccardo und Moraldo sind ausgestiegen.

Moraldo: Nur Ruhe, habt keine Angst.

Aber auch Moraldo ist ziemlich nervös, denn der Zug nähert sich immer mehr. Ein langer Pfiff ertönt. Man sieht den Lokomotivführer wie verrückt die Arme schwenken.

Auto. Innen. Tag.

Im Innern des Wagens fängt der dicke Mann ganz verzweifelt an zu brüllen. Er kämpft mit Leopoldo, um aus der gleichen Tür aussteigen zu können.

Mann: Hilfe! Hilfe!

Bahnübergang. Außen. Tag.

Auf der anderen Straßenseite hat ein Bauer auf dem Fahrrad angehalten und beobachtet die Szene.

Bauer (auf den Zug weisend): Der Zug!

Alberto, der sich auf der Straße in Sicherheit gebracht hat, ist nahe daran, zu heulen.

Alberto (entsetzt): Mammi, liebe Mammi!

Moraldo läuft dem Zug entgegen, der jetzt etwa dreißig Meter entfernt ist und winkt verzweifelt.

Moraldo: Halt! ... Halt!

Der Zug – es ist eine kleine Lokalbahn – hat seine Fahrt sehr verlangsamt. Er bremst mit aller Kraft und die Räder kreischen laut auf. Der Zusammenstoß scheint jedoch unvermeidlich – nur noch wenige Meter ...

Auto. Innen. Tag.

Leopoldo, der sich noch im Wagen befindet, bekreuzigt sich.

Bahnübergang. Außen. Tag.

Riccardo, der sich vom Auto entfernt hat, bedeckt sich die Augen mit der Hand. Bremsen kreischen ohrenbetäubend.

Die Lokomotive bleibt stehen, nachdem sie nur leicht den hinteren Kotflügel des Wagens touchiert hat, der deshalb eine kleine Delle aufweist. Dann scheint alles zu verschwinden in einer Wolke von Dampf, der aus den Bremsen strömt.

(Überblendung)

Bahnübergang. Außen. Tag.

Kurz danach, die zahlreichen Reisenden des Zugs steigen wieder in ihre Waggons.
Das Auto ist vom Gleis gezogen worden; es steht auf der Straße, umringt von einer Menge Neugieriger.
Riccardo verhandelt mit zwei Beamten der Straßenpolizei, die einen Strafzettel ausfüllen.

Beamter (schreibt): ... und wo ist die Plakette für die Autosteuer?

Riccardo (weinerlich): Sie wollen mich wohl ruinieren? ... Ist es etwa meine Schuld? Diese Herrschaften da haben mich gebeten, eine Probefahrt zu machen.

Der dicke Mann befeuchtet seiner Frau, die eben wieder zu sich gekommen ist, die Stirne. Sie sitzt im Gras, wimmert vor sich hin und schaut mit erloschenen Blicken ringsum.

Mann (auffahrend wie ein wildes Tier): Gebeten?! ... Ich bring dich um, du Rattensohn!

Alberto, der mit gespielter Gelassenheit geraucht hat, greift verärgert ein.

Alberto: Ach ... was für ein Trara! Da haben Sie eben noch nie ein richtiges Unglück erlebt. Mit Toten!

Riccardo kommt heran und lächelt dem dicken Mann zu.

Riccardo: Nun, sprechen wir vernünftig von Mann zu Mann. Sie haben ja gesehen, der Wagen ist in Ordnung. Sie haben ihn probiert ... Ich denke, wir können das Geschäft jetzt zum Abschluß bringen. Ich komme Ihnen entgegen: 450 000 und ich zahle auch die Strafe. Sind Sie zufrieden?

Der Mann stößt ein dumpfes Röcheln hervor und will sich auf Riccardo stürzen. Er wird von den Anwesenden mit Mühe zurückgehalten.

Strand. Außen. Tag.

Ein grauer und windiger Tag. Das Meer ist gefurcht von langen weißen Schaumkämmen. Der Strand liegt verlassen da.

Sprecher (off): Und so wurde Riccardos Abreise auf bessere Zeiten verschoben ... Jetzt war es am Meer menschenleer. Selbst am Sonntag.

Ganz dicht am Wasser, in Mänteln und mit Hüten, stehen Alberto, Riccardo, Leopoldo und Moraldo, in die Betrachtung des Meeres versunken. Wenn eine größere Welle ihre Schuhe zu durchnässen droht, weichen sie ein bißchen zurück. Keiner spricht. Jeder hängt seinen Fluchtgedanken nach. Riccardo bricht das lange Schweigen, indem er sich an Leopoldo wendet.

Riccardo: Sag mal du ... Wenn jetzt ein Herr käme und zu dir sagen würde, er gebe dir zehntausend Lire, würdest du dann ein Bad nehmen?

Leopoldo (zittert vor Kälte und sagt tonlos): Wie?

Die Schaumkämme zerstäuben im Wind. Die vier jungen Leute gehen im Gänsemarsch dem Ufer entlang davon.

Aus einer Gruppe entfernt stehender Baracken kommt ein Wolfshund gelaufen, der fröhlich bellend auf die Vier zurennt. Alberto begrüßt ihn genauso fröhlich.

Alberto: He, Wolfshund!

Der Hund bleibt einen Augenblick stehen und läuft dann entschlossen auf Alberto zu. Riccardo hebt vom Ufer ein Stück Holz auf und wirft es Alberto zu, der es noch weiter weg wirft. Der Hund läuft eine Strecke des Weges, den er gekommen ist, wieder zurück, um das Holzstück zu apportieren. Alberto läuft ihm entgegen. Er wirft das Holzstück noch einmal fort, immer in Richtung der Baracken, und der Hund setzt sein Spiel fort. Die drei Freunde, die zurückgeblieben sind, haben ihre Schritte verlangsamt.

Leopoldo (auf Alberto anspielend): Ich weiß nicht ... der da ... er will immer nur spielen ...

Fünfzig Meter weiter setzen Alberto und der Hund ihren Lauf fort. Sie haben sich jetzt den Baracken genähert. Der Hund hat das Stück Holz wieder erwischt und läuft nun schnell zu den Baracken. Alberto ruft ihn vergeblich zurück.

Atemlos folgt Alberto dem Hund; in der Nähe der Baracken erblickt er ein Paar. Der Mann und die Frau stehen wenige Schritte voneinander entfernt und reden. Hinter ihnen, auf der Strandpromenade, sieht man die Umrisse eines Fiat 1100.

Alberto: Hund!

Das Pärchen wendet sich um. Die Frau ist Olga. Der Hund bringt das Stück Holz dem Mann, der bei ihr ist. Alberto ist betroffen und unsicher, ob er weitergehen oder umkehren soll. Sein Blick geht von der Schwester zu dem Mann, der sie begleitet. Die bei-

den sind bewegungslos stehen geblieben. Eine lange Pause wird nur durch das Bellen des Hundes unterbrochen, der vor seinem Herrn herumwedelt. Schließlich wendet sich Alberto um und will weggehen.
Olga bewegt sich und ruft leise ...

Olga: Alberto!

Alberto bleibt stehen, ohne sich umzuwenden. Olga kommt zu ihm.

Olga (mit bittender, aber fester Stimme): Du darfst Mama nicht sagen, daß du mich gesehen hast.

Alberto antwortet zornig und voll Verachtung, ohne sie anzusehn.

Alberto: Du hattest gesagt, es sei alles aus.

Olga versucht, ihn aufzuhalten, indem sie ihm die Hand auf den Arm legt. Alberto reißt sich los.

Alberto: Laß mich!

Alberto geht zum Ufer. Nun tauchen auch Riccardo, Moraldo und Leopoldo auf, die ihre Schritte verlangsamen, bis sie schließlich stehen bleiben, um Olga und den Mann, der bei ihr ist, anzusehn.
Moraldo, Riccardo und Leopoldo lassen sich ihre Verachtung nicht anmerken. Sie gehen weiter auf die Mole zu, gefolgt von Alberto. Es herrscht peinliches Schweigen. Riccardo, der es brechen will, weiß nichts anderes zu tun, als stehen zu bleiben und etwas vom Strand aufzuheben.

Riccardo: Da, schaut mal, diese schöne Muschel.

Alberto hat sich umgewandt und schaut zurück zur Strandpromenade, wo soeben der Fiat 1100 verschwindet.

Olgas Zimmer. Innen. Nacht.

Olga sitzt an ihrem Arbeitstischchen und schreibt auf der Maschine. Man hört das Geräusch einer Tür, die ins Schloß fällt. Mit einem Ruck wendet Olga sich um und blickt zur Tür, die sich öffnet. Alberto erscheint, er ist sichtlich erregt.

Olga (ziemlich überrascht): Ciao Alberto. Wir begegnen uns heute wohl dauernd.

Alberto: Hör mal, ich möchte mich nicht gerne deinetwegen von meinen Freunden verspotten lassen, verstehst du?

Olga (abwehrbereit): Ach, weil deine Freunde ... sich den Luxus erlauben, über andere zu lachen!

Alberto (irritiert): Ja. (leise) Du mußt mit diesem Dreckskerl Schluß machen! (verachtungsvoll) Was erwartest du denn von dem?

Olga (einfach): Nichts. Ich will auch nichts erwarten.

Alberto (jede Silbe betonend): Er ist verheiratet.

Olga: Schrei doch nicht so. Die Mama schläft.

Alberto: Er hat eine Frau. Er ist verheiratet.

Olga: Ich weiß. Aber sie leben getrennt.

Alberto (sarkastisch): Na und?! Heiratet er dich? (Pause) Heiratet er dich?

Olga (hart): Misch dich nicht in meine Angelegenheiten, Alberto! Ich habe mich immer selbst zurecht gefunden. Ich weiß schon, was ich zu tun habe.

Alberto: Ach, weil du arbeitest, glaubst du, du könntest tun, was du willst!

Olga (entschlossen): Ja!

Alberto (richtet sich auf): Oh, nein! Durchaus nicht! Du bist meine Schwester. (Er geht zu Olga und droht ihr mit dem Zeigefinger vor dem Gesicht) Und du bringst Mama zum weinen.

Olga: Nimm die Hände da weg. – (sieht ihn scharf an) – Verschwinde von hier, Alberto! – Raus!

Alberto: Wenn du die Mama zum Weinen bringst ...

Er geht und schlägt die Tür hinter sich zu.

Café. Außen. Tag.

Ein lauer Oktobertag; Leopoldo, Riccardo, Alberto und Moraldo sitzen, die Regenmäntel über die Schultern gehängt, an den Tischen vor der Bar.

Sprecher: Und eines schönen Tages, als wir ihn schon beinahe vergessen hatten ...

Vom Ende der Straße her kommt Caruso rufend näher.

Caruso: He, Jungs, Fausto ist angekommen!

Riccardo versteht als erster, worum es geht.

Riccardo (strahlend): Fausto ist zurück!

Caruso (er ist jetzt bei der Gruppe angelangt und bekräftigt): Ja, ja. Und einen Schnurrbart hat er sich wachsen lassen.

Riccardo: Wo ist er?

Caruso: Dort! Da ist er ja.

Moraldo (ruft): Fausto!

Die vier stehen auf und laufen Fausto und Sandra entgegen, die sich auf der Straße nähern und ihnen zuwinken.

Fausto (ruft): Hallo Boy.

Riccardo: Faustone!

Die Begegnung der beiden Gruppen findet mitten auf der Straße statt. Sandra ist etwas zurückgeblieben. Sie trägt immer noch das Kleid für die Hochzeitsreise und einen Hut mit kleinem Schleier. Mit kräftigem Schulterklopfen umarmt Fausto Riccardo und Leopoldo.

Fausto: Seit einer Stunde suchen wir euch.

Riccardo: Gut siehst du aus mit dem Schnurrbart.

Leopoldo: Ja, er steht dir wirklich gut. Bravo.

Riccardo: Morgen laß ich mir auch einen wachsen.

Fausto geht auf Alberto zu und umarmt auch diesen freundschaftlich.

Fausto: Ciao, Alberto. Seit einer Stunde suchen wir euch.

Fausto trägt ein Koffer-Grammophon in der Hand. Er geht zu den Tischchen der Bar und lädt die Freunde ein, ihm zu folgen.

Fausto: He, ich hab da was Wunderbares. Kommt und schaut mal!

Alberto: Was habt ihr mitgebracht? Eine Torte?

Umgeben von den Freunden und zusammen mit Sandra Fragen über die Reise beantwortend, stellt Fausto das Grammophon auf ein Tischchen, öffnet es und setzt den Apparat in Bewegung.

Fausto: Wir haben auch die Wanda Osiris gesehn.

Sandra: Das war ganz wundervoll.

Fausto: Ja, schön, schön! Es war nicht schlecht. Die Aufführung war chic, aber übertreiben wir nicht so ...

Sandra: Sie kam eine endlos lange Treppe herunter.

Alberto trällert scherzhaft die Melodie eines bekannten Chansons der Osiris.

Fausto: Nun seid mal ruhig, nun hört mal diesen Mambo. Ja! Hört mal ...

Das Grammophon beginnt zu spielen.

Fausto: Da war auch ein Tänzer ... und das Schönste war folgendes: Der Tänzer hat ihn so getanzt ...

Mit leichten und eleganten Bewegungen beginnt Fausto nun nach dem Rhythmus des Mambo zu tanzen. Während die andern ihm zusehen, tritt er vom Bürgersteig herunter auf die Straße. Alberto steht auf, geht zu ihm und beobachtet die Schritte.

Alberto: Hör mal, Fausto, nachher bringst du mir das bei!

Fausto (tanzt weiter): Ja, es ist leicht.

Auch Alberto beginnt nun zu tanzen und versucht, etwas ungeschickt seinen Freund zu imitieren. Von den Tischen der Bar aus beobachten die andern die Szene.

Moraldo wendet sich um und sieht Sandra an, die nach dem Rhythmus der Musik Tanzbewegungen andeutet. Er lächelt ihr zu.

Sandra: Schön, nicht?

Moraldo (er legt ihr den Arm um die Schulter): Geht es dir gut?

Sandra (schließt die Augen): Ja, sehr ...

Mitten auf der Straße produzieren sich Fausto und Alberto immer noch mit ihrer Tanznummer.

Devotionalienhandlung. Innen. Tag.

Sprecher: So wäre alles weitergegangen wie immer, wenn Faustos Schwiegervater nicht eine kuriose Idee gekommen wäre.

Ein großer, antik eingerichteter Laden mit Bänken aus Nußbaumholz und Regalen in Weiß und Gold. Das Geschäft ist voll mit großen und kleinen Statuen, Exvotobildern, verzierten Kerzen, religiösen Büchern, etc.

Als die Tür zur Straße hin geöffnet wird, läßt sie ein hell klingendes Glockenspiel ertönen.

Hinter dem Verkaufstisch steht ein etwa 45jähriger Mann – Signor Michele. Er hat ein entschlossenes, freundliches Gesicht und zeigt gerade zwei schweigsamen Nonnen Rosenkränze.

Signor Michele (freudig): Ein Hoch auf unsern guten Cavaliere. Nur einen Augenblick, dann stehe ich Ihnen zur Verfügung.

Sandras Vater: Lassen Sie sich ruhig Zeit, Signor Michele.

(leise zu Fausto): Hier riecht es genauso schön wie in der Kirche, nicht wahr?

Fausto, der gerade den Geruch durch die Nase einzieht, respektvoll, aber ohne Begeisterung, läßt seinen Blick über die exstatischen Gesichter der Heiligen aus Pappmaché und Gips schweifen.

Sandras Vater (immer noch leise): Na, du wirst schon sehen, du wirst dich hier wohlfühlen. (er wirft einen etwas verwunderten Blick auf Faustos Anzug): Vielleicht solltest du dir eine Schürze kaufen!

Ohne zu antworten runzelt Fausto die Stirn. In der Zwischenzeit hat Signor Michele die beiden Schwestern bedient. Diese gehen, mit gesenktem Blick und einen kaum verständlichen Gruß murmelnd, zwischen Fausto und Signor Rubini dem Ausgang zu.

Signor Michele (in ehrlich nettem Ton): So, da bin ich .. mein lieber Cavaliere! (er umarmt ihn) Dieser junge Mann ist also Ihr Schwiegersohn, wie? (er reicht Fausto die Hand und drückt sie kräftig) Es freut mich sehr ... und meine Glückwünsche ... kommen etwas verspätet, aber von Herzen. Sie haben großes Glück gehabt (bedeutungsvoll), sehr großes. Und was erzählt man so in Rom? Der Cavaliere hat mir gesagt, daß ihr die Hochzeitsreise nach Rom gemacht habt. Stimmt's? (kleine Pause) Nun ... ich sage Ihnen gleich – wie heißen Sie denn?

Fausto: Moretti, Fausto.

Signor Michele: Also, mein lieber Fausto, ich sag es Ihnen ganz offen. Sie sehen ja, mein Geschäft hier ... ist ganz bescheiden.

Sandras Vater (voll Bewunderung): Das nennen Sie bescheiden?!

Signor Michele: Alles unserer Hände Arbeit ... Ganz offen, mein lieber Fausto, ich bräuchte eigentlich einen Laufburschen, eine Hilfskraft ... Sie verstehen? Zum Aufladen, zum Abladen, zum Öffnen und Schließen des Geschäfts ... aber ich hab mich dann für diese Möglichkeit entschieden. Ich stelle lieber Sie an.

Sandras Vater: Hörst du, Fausto, sag dem Herrn danke.

Fausto: Danke.

Signor Michele: Aber ich bitte Sie, ich freue mich, daß ich in diesem Augenblick einem jungen Mann helfen kann, der ins Leben tritt ... Kurz, das Haus ist das Ihre! Einverstanden? (er streckt Fausto die Hand hin, die dieser drückt). Wann wollen wir denn anfangen?

Sandras Vater: Wenn es geht, sofort.

Fausto (überrascht und unlustig): Sofort?!

Sandras Vater: Da kannst du dich einarbeiten ... siehst du ...

Im Türbogen, der den Laden von den hinteren Räumen trennt, erscheint Signora Giulia. Sie hat ein paar Formulare in der Hand.

Signor Michele: Ah, Giulia, komm ...

Sandras Vater (schnell): Guten Tag, Signora.

Signor Michele: ... Signor Rubini kennst du ja ... und das hier ist der Mann der kleinen Sandra ... der uns von heute an bei der Arbeit hilft.

Die Signora Giulia ist eine ernste, etwas verblühte Frau von etwa fünfundvierzig Jahren. Sie verneigt sich leicht, wie sie es vor den geistlichen Kunden ihres Geschäfts zu machen pflegt, und flüstert einen leisen Gruß.

Signora Giulia: Freut mich. (zu ihrem Mann) Der Lastwagen ist angekommen.

Signor Michele: Sofort.

Sandras Vater: Und noch etwas ... soll er sich eine Schürze kaufen?

Signor Michele: Für heute kann er die hier anziehn.

Signor Michele öffnet einen Wandschrank, nimmt daraus eine große, graue Arbeitsschürze und reicht sie Fausto, der sie sich mit Signor Micheles und des Schwiegervaters Hilfe unwillig umbindet und dabei die Nase rümpft.

Signor Michele (feierlich): Das wär's! Die Arbeit beginnt! (lächelnd) Und Sie, Fausto, gehen jetzt da rüber in den Hof und überwachen das Abladen der Kisten. Hier ist das Verzeichnis.

Er nimmt seiner Frau die Papiere aus den Händen und übergibt sie Fausto.

Signor Michele: Und bitte, haben Sie ein Auge auf die Träger, weil die immer alles kaputtmachen. Das Zeug ist sehr zerbrechlich. Gehn Sie, gehn Sie.

Signora Giulia hat sich wieder in die hinteren Räume begeben. Nach kurzem Zögern folgt ihr Fausto langsam. Als er unter dem Türbogen, der den Laden von den Hinterräumen trennt, angekommen ist, schaut er etwas verängstigt zu seinem Schwiegervater, der mit Signor Michele bei der Eingangstür steht. Wortlos erwidert Sandras Vater seinen Blick. Fausto winkt kurz und verschwindet in die hinteren Räume. Signor Michele und Sandras Vater sind allein.

Devotionaliengeschäft. Innen. Tag.

Es wird Abend. Die ersten Schatten fallen in das Geschäft. Signor Michele, Fausto und Signora Giulia sitzen unbeweglich im Halbdunkel, jeder hinter seinem Ladentisch. Draußen hört man das Vesperläuten. Fausto blickt bald zu Signor Michele, bald zu Signora Giulia. Sein Ausdruck zeigt eine undurchsichtige Mischung von Langeweile und einer Art Unterwürfigkeit, die ihm die Umgebung gegen seinen Willen einflößt.
Längere Zeit herrscht Schweigen. Fausto spitzt die Ohren. Ihm kommt es vor, als hätte er unter den Stimmen draußen auf dem Gehweg einige wiedererkannt. Und in der Tat sieht er plötzlich, vor der Scheibe der Eingangstür die Gestalten von Alberto, Riccardo, Leopoldo und Moraldo sich abzeichnen, die mit gespieltem Desinteresse vorbeipromenieren und dabei absichtlich vermeiden, ins Geschäft hereinzusehen.
Die vier Gestalten verschwinden einen Augenblick lang und erscheinen dann wieder vor dem großen Schaufenster. Hier tun die vier jungen Männer, als interessierten sie sich für die ausgestellten Statuen.
Bruchstückweise und verschwommen vernimmt man im Geschäft ihre Kommentare. Die Anstrengung der vier jungen Männer, nicht zu Fausto hin zu blicken, da sie sonst laut herausplatzen würden, ist offensichtlich.
Signor Michele erwacht ein bißchen aus seiner Stumpfheit und schaut neugierig auf die vier sonderbaren Bewunderer seiner Ware. Auch Signora Giulia hebt den Kopf von ihrer Näharbeit. Signor Michele steht auf und schaltet die Schaufensterbeleuchtung ein. Seine edle Geste wird von den vier jungen Leuten mit einem kindischen »Oooooooh!« kommentiert.
Signor Michele wendet sich nach ihnen um, dann knipst er den Schalter der Hauptbeleuchtung an. Der Laden wird schlagartig hell erleuchtet.

Vor dem Devotionaliengeschäft. Außen. Abend.

Beim Anblick des erleuchteten Geschäfts stoßen die vier jungen Leute ein noch längeres »Oh« aus. Durch das Schaufenster sieht man jetzt deutlich Fausto, der hinter seinem Ladentisch gefangensitzt wie ein Tier im Käfig. Alberto und Riccardo beginnen, einander Grimassen zu schneiden.

Alberto (mit Anspielung auf Fausto): Was für ein Arbeiter!

Riccardo: Gehn wir doch rein, tun wir so, als seien wir zwei Kunden. Los, los doch! . . .

Auch Leopoldo lacht vergnügt bei diesem Gedanken.

Moraldo: Nun hört schon auf! Gehn wir doch!

Alberto: He, lass mich.

Moraldo: Auf diese Weise wird er noch seine Stellung verlieren.

Als erster entfernt er sich vom Schaufenster, wendet sich den anderen dreien zu und wiederholt seine Aufforderung.

Moraldo: Laßt ihn in Ruh!

Der Letzte, der sich vom Schaufenster entfernt, ist Alberto. Er tut so, als interessiere er sich als Kunstsachverständiger für eine Statue.

Eine andere Stelle der gleichen Straße. Außen. Tag.

In der Menschenmenge, die langsam ihren abendlichen Spaziergang auf dem Corso macht, kommt Sandra näher.

Sie geht graziös und stolz, mit dem glücklichen Ausdruck einer jungen Ehefrau.

Plötzlich wird sie von jemandem hinter ihr gerufen; zwei Mädchen, die beinahe gerannt sind, holen sie ein.

Erstes Mädchen: Sandra, wie gut du aussiehst. Wann bist du zurückgekommen?

Die Mädchen sprechen mit falscher Herzlichkeit. Ganz offensichtlich suchen sie eine Möglichkeit, Sandra zu demütigen.

Zweites Mädchen: Was für ein Gefühl ist es, wenn man nun als ›Signora‹ angesprochen wird?

Sandra (mit einem gewissen Stolz): Fausto arbeitet.

Erstes Mädchen (erstaunt): Ach, er arbeitet?!

Sandra: Ich geh jetzt vorbei und hol ihn ab.

Zweites Mädchen: Du tust ganz gut daran, ihm auf die Finger zu gucken, weißt du.

Die beiden Freundinnen lachen.

Erstes Mädchen: Nein ... warum? Fausto ist ein braver Junge. Ein bißchen flatterhaft vielleicht ... Wer weiß, wie gut ihr es habt in eurem Häuschen.

Sandra: Nein, im Augenblick wohnen wir noch bei Mama.

Zweites Mädchen: Ah, natürlich! Ihr hattet ja keine Zeit ... Ihr habt das alles so überstürzt erledigt.

Die Blicke der beiden Freundinnen wandern nach unten: ostentativ betrachten sie Sandras Bauch.

Erstes Mädchen (leise): Wirklich, man sieht noch gar nichts.

Sandra wird blaß und die Freundin fährt taktlos fort:

Erstes Mädchen: Dauert es noch lange? (sie meint: bis zur Geburt des Kindes.)

Verletzt senkt Sandra den Blick.

Sandra: Tut mir leid, ich muß jetzt wirklich gehen. Auf Wiedersehn.

Die Mädchen: Auf Wiedersehn, Sandra. Alles Gute. Grüß Fausto. Wir sehen uns bestimmt wieder mal.

Sandra grüßt die beiden Freundinnen und geht mit schnellen Schritten durch die Menge auf dem Gehsteig davon.

Ihr gedemütigter und beleidigter Ausdruck wechselt, als sie Fausto auf der Schwelle des Geschäfts sieht. Er ist gerade dabei, den Rolladen vor dem großen Schaufenster herunterzuziehen.

Sandras Gesichtsausdruck wird von freudiger Erregung erhellt. Sie überquert die Straße und läuft auf ihn zu.

Sandra: Fausto!

Fausto: Ciao Sandrina!

Sandra: Fausto! Ich bin gekommen, um dich abzuholen.

Fausto wendet sich um und lächelt erfreut, wie ein Kind, das am ersten Schultag seine Mama erblickt, die es abholt.

Er schließt sie in die Arme und drückt ihr einen Kuß auf die Lippen.

Sandra (verschämt, aber glücklich): Wir sind auf der Straße.

Fausto: Du bist meine Frau. (stolz) Stell dir vor, ich hab eine Statue verkauft; so hoch war die!

Sandra (erstaunt und glücklich): Wirklich?

Fausto: Ja doch.

Sandra ist zärtlich gerührt.

Sandra: Du bist tüchtig.

Fausto: Und weißt du, was wir jetzt machen? Wir gehen ins Kino, ich und du.

Sandra: Prima.

Fausto: Haben wir auch Geld?

Sandra: Ja, ja. Hier, ich hab hier welches.

Fausto: Bravo, mein kluges Kind.

Sandra zwinkert ihm schlau zu, wie eine verständnisvolle Komplizin.

Kino. Innen. Nacht.

Eine kleine Platzanweiserin geht Fausto und Sandra durch die Sitzreihen des Parketts voraus. Der Saal ist überfüllt und verraucht.

Begleitet von hektischen Schlagerrhythmen erscheinen auf der Leinwand die Reklame-Diapositive.

Sandra und Fausto finden schließlich zwei nebeneinander liegende Plätze in den ersten Reihen der Galerie.

Fausto (besorgt): Paßt es dir hier? Siehst du's gut?

Sandra (zustimmend nickend): Schau, was für ein schöner Kühlschrank.

Fausto: Den schaffen wir uns auch an.

Jetzt zeigt die Reklame einer Fabrik für Milchpulver das drollige Gesichtchen eines Neugeborenen.

Sandra (gerührt): Wie süß.

Fausto sucht in seinen Taschen.

Sandra: Du suchst Zigaretten, wie?

Fausto: Ja, ja.

Sandra hat ihre Handtasche geöffnet und zieht ein Päckchen Zigaretten hervor, das sie Fausto stolz zeigt.

Fausto (hastig): Danke. Streichhölzer hab ich.

Sandra (vertraulicher): Weißt du, daß Papa dich gern mag? Und weißt du, was Mama heute morgen gesagt hat? Ich war im Schlafzimmer, und da sagte sie: »Sandra, komm mal her für ein Momentchen.«

Ich bin zu ihr gegangen, und da hat sie gesagt, daß Papa das Haus aufstocken lassen will. Aber wir müssen so tun, als wüßten wir nichts davon ...

Während dieses Gesprächs hat Fausto Sandra und sich selbst eine Zigarette angezündet. Eben will er das Streichholz wegwerfen, als die schöne Dame, die neben ihm sitzt, sich mit einer Zigarette zu ihm beugt.

Dame (mit tiefer, verschleierter Stimme): Darf ich um etwas Feuer bitten?

Fausto beeilt sich, ihr das Streichholz hinzuhalten. Die schöne Dame beugt sich vor und zündet sich langsam die Zigarette an.

Dame (ohne Fausto anzusehn): Danke.

Fausto: Bitte.

Fausto starrt unbeweglich auf die Leinwand, um seine innere Erregtheit zu verbergen. Nach der Schlagermusik, welche die Reklame begleitet hat, ertönt nach kurzer Pause die dramatische Musik für den Vorspann des Films.

Fausto wendet sich einen Augenblick zu Sandra, die leise irgendetwas gesagt hat.

Fausto: Wie?

Sandra (leise): So können wir richtig beieinander sein, nicht wahr?

Fausto (nachdenklich): Ja . . . ja.

Offensichtlich denkt Fausto jedoch an etwas anderes. Er tut so, als sehe er auf die Leinwand; während Sandra sich an seinen Arm lehnt, wirft er einen verstohlenen Seitenblick auf die schöne Nachbarin. Auch die schöne Nachbarin betrachtet Fausto aus dem Augenwinkel. Als ihre Blicke sich treffen, tun beide schnell so, als sähen sie auf die Leinwand.

(Überblendung)

Wieder ertönt dramatische Musik. Sandra hat ihren Kopf an Faustos Schulter gelehnt und verfolgt aufmerksam die Vorgänge auf der Leinwand. Man hört die Stimmen der Schauspieler.

Schauspieler: (off): Glaub ihm nicht, meine Liebe, ich bitte dich.

Schauspielerin (off): Ah, so. Deinen Worten soll ich also Vertrauen schenken.

Schauspieler (off): Dieser Advokat war mir schon immer verdächtig. Bill hatte mir gesagt . . .

Scheinbar teilnahmslos blickt die schöne Dame auf die Leinwand, während Fausto sein Knie demjenigen der schönen Dame langsam nähert. Die beiden Knie berühren sich. Nach einigen Augenblikken zieht die Dame das ihre zurück und rückt ganz leicht beiseite. Fausto beugt sich nieder und küßt Sandra auf die Haare.

Fausto (nimmt Bezug auf die Schauspieler des Films): Die sind gut, nicht?

Sandra: Ja, sehr.

Sandra lächelt glücklich und drückt ihre Wange noch mehr an die Schulter ihres Mannes. Sie verfolgt die Geschehnisse des Films weiterhin mit gerührter Aufmerksamkeit.

Fausto hat das Knie der Dame wieder erreicht. Einige Augenblicke bleibt er unbeweglich sitzen, dann wendet er sich ihr entschlossen zu und sieht ihr ins Gesicht.

Die schöne Dame ist immer noch in die Geschehnisse auf der Leinwand vertieft, aber auf ihrem Gesicht hat sich das geheimnisvolle aufreizende Lächeln verstärkt.

Augenblicke später neigt die Dame sich Fausto zu, um auf ihre Armbanduhr zu sehen. Mit einem kleinen Seufzer erhebt sie sich und geht zum Ausgang. Fausto hält den Atem an. Seine Blicke verfolgen die Dame, die den Saal verläßt. Er rutscht erregt auf seinem Sessel hin und her.

Fausto: Sandra, entschuldige einen Moment.

Sandra (sieht ihn erstaunt an): Was ist?

Fausto (leise): Ich komme sofort zurück ... halt mir den Platz frei.

Sandra (beunruhigt): Fühlst du dich nicht wohl?

Fausto (hastig): Nein, nein, mir geht es sehr gut ... ich komme gleich wieder.

Er steht auf und geht, über die Füße der Nachbarn stolpernd, zum Ausgang.

Kino. Außen. Nacht.

Die schöne Dame knöpft sich ihren Pelzmantel bis zum Hals zu und verläßt das Foyer des Kinos. Sie geht die schon halb verlassene Straße entlang. Sie hört Schritte hinter sich, dreht sich aber nicht um. Fausto ist im Kinoeingang aufgetaucht. Er sieht sich um. Er zögert. Weit hinten auf der Straße ist die Dame um eine Ecke gebogen und verschwunden.

Straße. Außen. Nacht.

Keuchend vor Anstrengung und Aufregung läuft Fausto nun dicht hinter der Dame.

Fausto (leise): Signora, Signora, Verzeihung!

Die Dame antwortet nicht und geht geradeausblickend weiter.

Gäßchen. Außen. Nacht.

Sie biegt erneut ab, ins Halbdunkel eines alten ruhigen Gäßchens. Nach einigen Schritten bleibt sie vor dem großen Portal eines alten stillen Hauses stehen und steckt den Schlüssel ins Schloß.

Fausto gelingt es gerade noch, sie einzuholen und aufzuhalten.

Fausto (heftig atmend): Guten Abend, Signora. Wann kann ich Sie wiedersehn? Denn jetzt ...

Die Dame sieht ihn mit zerstreuter Verwunderung an.

Dame: Was wollen Sie?

Fausto (eindringlich): Geben Sie mir Ihre Telefonnummer!

Dame (beleidigt): Wen wollen Sie denn anrufen? Gehen Sie!

Fausto: Nein, warten Sie einen Augenblick. Schließen Sie nicht! Entschuldigen Sie, wissen Sie ...

Die Dame geht ins Haus. Entschlossen stellt Fausto einen Fuß in die Türe und drängt sich mit Gewalt in den Toreingang des Palazzos.

Fausto: Ich muß mit Ihnen sprechen ...

Torgang des alten Palazzos. Innen. Nacht.

Fausto legt seinen Arm um die Taille der Dame und küßt ihr Gesicht. Die Dame verteidigt sich nicht, zeigt aber den Ausdruck großer Überraschung. Fausto küßt ihren Mund.

Dame (sich aus der Umarmung befreiend): Was machen Sie denn? Sind Sie verrückt?

Fausto (mit erstickter Stimme): Ich kenne Sie. In diesem Sommer hatten Sie ein weißes Kleid an. Erinnern Sie sich ... im Kursaal?

Dame: Na und? ... Ich kenne Sie auch. Sie waren in Begleitung im Kino, scheint mir. Mit einer hübschen Signorina ...

Fausto: Ich? Nein. (drängend) Wann sehen wir uns wieder?

Dame (beunruhigt): Gehen Sie. Was glauben Sie denn! Ich bin verheiratet. Mein Zimmermädchen ist oben.

Fausto küßt sie wieder.

Fausto: Dann verabreden wir uns. Morgen abend?

Dame (leise, aber bestimmt): Nie! Nie mehr!

Fausto: Übermorgen. Ja?

Dame: Nein.

Fausto: Wann denn?

Dame: Wenn wir uns wieder begegnen. (hastig) Überlassen wir es dem Schicksal. Leben Sie wohl.

Die Dame geht zur Treppe, Fausto folgt ihr.

Fausto: Nein, warten Sie einen Augenblick, Signora. Gehn Sie nicht. Ich muß Ihnen etwas Wichtiges sagen. Kommen Sie, Signora, hören Sie!

Die Dame ist oben auf der Treppe verschwunden.

Dame: Gehen Sie jetzt!

Fausto ist allein geblieben. Mechanisch streicht er sich mit einer Hand über die Haare. Er richtet den Knoten seiner Krawatte und lächelt in eitler Selbstzufriedenheit.

Straße. Außen. Nacht.

Fausto ist auf die Straße getreten. Mit immer noch selbstgefälligem Ausdruck schaut er zu den Fenstern des Hauses hinauf. Dann wendet er sich zum Gehen und beginnt plötzlich schnell zu laufen.

Kino. Außen. Nacht.

Sandra steht verlassen auf dem Gehsteig vor dem Kino und sieht sich verwirrt um. Die Leuchtreklame und die Lichter in den Schaukästen sind erloschen. Ein Angestellter des Kinos befestigt große Zettel mit der Aufschrift »Heute« über den Fotografien des neuen Programms. Im Hintergrund der Piazza erscheint Fausto in schnellem Lauf. Einen Augenblick zögert er und läuft dann auf Sandra zu.

Sandra: Fausto!

Fausto (mit gespielter vorwurfsvoller Überraschung): Sandra! Da bist du ja!

Sandra schaut ihm voller Angst in die Augen.

Sandra: Wo bist du gewesen?

Fausto (redet sich ungeschickt heraus): Ich habe einen gesehn ... Ich hatte vergessen, daß ich mit ihm verabredet war ... aber ich bin zu spät gekommen ... (so, als wolle er wieder ins Kino) Ist denn der Film schon aus?

Fausto hakt Sandra unter und geht mit ihr davon.

Fausto: Schade! Und wie ist es ausgegangen?

Zutiefst verwirrt, läßt Sandra sich mitziehen.

Fausto: Ist er gestorben?

Sandra (mit zitternder Stimme): Nein ... er heiratete.

Zwei Tränen laufen über das Gesicht von Sandra.

Fausto (immer weiter sprechend): Eine gute Schauspielerin. Erinnerst du dich an sie in dem andern Film? Den wir in Rom gesehn haben? ... (sich unterbrechend) ... Sandra, was ist denn? Du weinst?

Sandra schüttelt den Kopf und versucht ein schwaches Lächeln. Mit einem Finger wischt sie sich eine Träne aus dem Augenwinkel.

Sandra: Nein, nein.

Fausto: Aber ja, du weinst. Was hast du denn? (Pause) Was hab ich dir getan?

Sandra wird von ihren Gefühlen übermannt, sie lehnt sich an Fausto mit gesenktem Kopf.

Sandra (mit erstickter Stimme): Ich habe Angst.

Fausto (mit echter Überraschung): Angst? Wovor denn?

Sandra: Ich weiß nicht ... Ich fürchte mich.

Sandra schämt sich und versucht, ihr Weinen durch nervöses Lachen zu überdecken. Sie macht einige Schritte vorwärts, zieht aus der Handtasche ihr Taschentuch und schneuzt sich.

Sandra: Entschuldige.

Fausto ist von einem Gefühl tiefen Unbehagens und von Beschämung erfaßt. Der Anblick seiner Frau, die nur wenige Schritte vor ihm so klein und schutzlos auf der verlassenen Straße steht, preßt ihm vor Mitgefühl die Kehle zu. Auch er ist den Tränen nahe.

Fausto (mit kindlicher Traurigkeit): Nein, Sandrina, nicht weinen ...

Er geht zu ihr hin, nimmt ihre Hand und küßt sie. Nun wird Sandra von mütterlichen Gefühlen ergriffen.

Sandra (beruhigt ihn schnell): Nein, nein ... es ist vorbei, Liebster. Wenn du bei mir bist, hab ich keine Angst.

Fausto (gerührt und aufrichtig): Aber ich werde doch immer bei dir sein.

Unter Tränen lächelt Sandra ihm zu, trocknet sich die Augen und hakt sich bei Fausto ein.

Sandra (lächelnd): Gehen wir nach Hause.

Fausto: Ja, gehn wir alle beide in unser Häuschen.

Vor Aufregung immer noch zitternd, geht Fausto, zusammen mit seiner jungen Frau, die verlassene Straße entlang.

Friseurladen. Innen. Tag.

Riccardo steht vor dem Spiegel und stutzt sich mit einer Schere den Schnurrbart.

Sprecher (off): In den folgenden Monaten war die wichtigste Neuigkeit die Tatsache, daß Riccardo sich einen Schnurrbart wachsen ließ ... und Alberto Koteletten.

Im Friseurstuhl daneben kontrolliert Alberto im Spiegel die Länge seiner Koteletten.

Devotionaliengeschäft. Innen. Tag.

Sprecher: Fausto dagegen hatte sich den Schnurrbart abrasiert ...

Im Geschäft ist niemand. Fausto sitzt hinter seinem Ladentisch und schaut zum großen Schaufenster hinaus.

Sprecher: Manchmal gingen sein Vater und seine kleine Schwester vor dem Geschäft vorbei, um zu sehen, wie er arbeitete.

Vor dem Schaufenster gehen der Vater und die kleine Schwester von Fausto vorbei ... Sie bleiben stehn und verhalten sich respektvoll, wie jemand, der nicht stören will.

Leopoldos Zimmer. Innen. Nacht.

Sprecher: Auch Leopoldo arbeitete, wie immer. Er hatte sich einen Spitzbart wachsen lassen.

Leopoldo zeigt sich am Fenster dem Dienstmädchen von gegenüber.

Dienstmädchen (ein Lächeln und ein Gähnen unterdrükkend): Du machst mir ja Angst.

Leopoldo (leise): Wieso? Ich dachte, er würde dir gefallen?

Corso. Außen. Tag.

Ein grauer regnerischer Tag. Auf der Hauptstraße des Städtchens beginnt der jämmerliche Vorbeimarsch der Masken. Man hört den Lärm von Spielzeugtrompeten und Dudelsäcken.

Sprecher: Und endlich, heiß ersehnt wie jedes Jahr, kam der Karneval.

Über den elektrischen Leitungen gaukeln auf beiden Straßenseiten befestigte bunte Papiergirlanden.

Kutschen, beladen mit Maskierten, die mit Luftschlangen und Konfetti um sich schmeißen, fahren von Geschrei begleitet langsam den Corso entlang. Kinder, verkleidet als Pierrots und Rokoko-Damen, gehen an der Hand ihrer Eltern spazieren.

Es nieselt. Viele Leute haben ihre Schirme geöffnet.

Am fröhlichsten von allen sind die armen Kinder, die bloß ihre Jacken verkehrt herum angezogen und die Gesichter mit Kohle geschwärzt haben. Sie rennen einander nach, rempeln die Leute an und klauben Kippen auf.

Albertos Haus / Albertos Zimmer. Innen. Tag.

In der Fensternische lehnt Riccardo, der sich als Musketier verkleidet hat, mit einem Federhut, Stulpenhandschuhen und einem

Degen an der Seite. Er wirft einen Blick auf den Zug auf dem Corso und wendet sich dann jemandem im Innern des Zimmers zu. Er wirkt traurig und unbehaglich, wie jemand, der schon seit Stunden in einer Verkleidung steckt.
Man hört das Rattern einer Nähmaschine.

Riccardo (optimistisch, aber wenig überzeugt): Dies Jahr gibt's einen besseren Karneval. Die Leute haben mehr Lust, sich zu amüsieren. Mach dir auch auf der anderen Seite ein Schönheitspflästerchen.

Alberto: Nein, eins ist genug.

Auf Albertos Bett sitzt Leopoldo, als Mandarin verkleidet. Er raucht eine Zigarette. Er unterstützt Riccardos Vorschlag mit einem Nicken.
Vor dem Schrankspiegel vervollständigt Alberto sein Make-up. Er trägt ein Unterhemd und einen Frauenrock.

Alberto: Ist das Kleid fertig?

Durch die Verbindungstür zum Nebenzimmer sieht man die Gestalt einer Frau, die an der Nähmaschine arbeitet. Es ist Signora Elvira, eine etwa 45jährige Frau. Die Frau steht von der Maschine auf und kommt herein. Sie trägt in der Hand eine Spitzenbluse.

Elvira (zu Alberto): Da ist es und jetzt lassen Sie mich zufrieden, sonst schimpft Ihre Mutter mit mir. Ich muß die ganzen Leintücher noch fertigmachen.

Alberto: Aber doch nicht so! Die müssen viel größer sein. Sie sind für eine Frau.

Plötzlich sieht sie den geschminkten Alberto und schüttelt den Kopf, als sei sie verärgert.

Elvira: Na so was! In dieser Aufmachung mag ich ihn nicht! ... So ein hübscher junger Mann.

Riccardo möchte sich hinter dem Rücken von Signora Elvira lustig machen.

Riccardo (er zwinkert den anderen zu): Albertone gefällt Ihnen, was?

Signora Elvira wirft Riccardo einen strengen Blick zu und verläßt das Zimmer.

Riccardo (leise): Alberto ... (er weist mit dem Finger auf Signora Elvira) ... die ist in dich verliebt.

Vom Bett aus nickt Leopoldo zustimmend. Alberto bestätigt lächelnd.

Alberto (sehr leise): Ja, stimmt. Sogar Mama hat es bemerkt.

Leopoldo (leise): Stimmt es, daß sie viel Geld hat?

Alberto (mit normaler Stimme): Wieso, willst du sie heiraten? (schreiend) Signora Elvira, Signora Elvira, den Hut, den Hut.

Dabei tritt Alberto auf die Schwelle der Tür, die ins Eßzimmer führt, wo Signora Elvira ihre Arbeit zwischen einer Unmenge weißer Leintücher wieder aufgenommen hat.

Elvira: Ich hab doch Ihren Hut nicht.

Alberto: Sie haben ihn nicht? Wer hat ihn denn? (zu Leopoldo, ihm das Kostüm reichend) Halt mal! Mama!

Alberto geht von der Tür in sein Schlafzimmer zurück, durchquert es und läuft laut rufend durch die andere Tür in den Korridor hinaus.

Schlafzimmer von Olga und Albertos Mutter. Innen. Tag.

Ein bescheidenes Zimmer mit zwei Betten. Die Mutter und die Schwester von Alberto, die sich offensichtlich unterhalten haben, verstummen schlagartig beim Eintreten des jungen Mannes. Die Mutter trocknet sich schnell die Augen und geht zum Fenster, Alberto den Rücken zukehrend.

Olga bleibt auf dem Fußende des Bettes sitzen und zieht aus ihrer Handtasche nervös ein Päckchen Zigaretten.

Alberto (überrascht zur Schwester): Oh, du bist immer noch gleich weit?! Ich bin fertig, ich geh jetzt, hörst du?

Olga (sich eine Zigarette anzündend): Ich komme nicht zum Maskenball.

Nach kurzem Zögern zuckt Alberto die Schultern, dann mit erzwungener Beiläufigkeit ...

Alberto: Schon gut, dann gib mir dafür einen Hut von dir.

Olga (ärgerlich und abschätzig): So, und soll ich dann vielleicht keinen tragen?!

Alberto (echt bestürzt): Und was soll ich jetzt machen?

Olga wirft ihm einen kalten Blick zu und fixiert ihn schweigend. Die Mutter ist unbeweglich beim Fenster stehen geblieben und sieht den Regentropfen zu, die an der Scheibe herunterlaufen.

Alberto (voll plötzlicher Bitterkeit): Das ist doch Absicht! Einmal will man sich amüsieren, und niemand hilft einem ...

Die Mutter versucht, ihrer Stimme einen festen gleichgültigen Klang zu geben und sagt, ohne sich umzuwenden ...

Mutter: Schau in der Truhe nach ... Irgendwas wirst du schon finden, aber wirf nicht alles durcheinander.

Alberto bleibt unschlüssig einen Augenblick stehen und betrachtet die Schwester, die seinem Blick mit einem Anflug von Verachtung standhält.

Alberto: Was ist denn passiert? Was habt ihr gemacht? Die eine heult, die andere ... (er geht zur Mutter) Mama, was hast du?

Mutter: Nichts. Ein bißchen Kopfweh.

Alberto bleibt unschlüssig stehen, dann dreht er sich um und geht entschlossen auf die Tür zu.

Alberto (im Hinausgehen, drohend zur Schwester): Mit dir und mir nimmt's noch mal ein schlimmes Ende, du!

Eßzimmer. Innen. Tag.

Alberto kommt aufgebracht hereingestürzt. Riccardo hat eine große Truhe geöffnet.

Riccardo: Alberto, komm und schau mal. Die Truhe ist voller Zeug.

Elvira: Laßt die Finger davon, sonst schimpft die Signora hinterher.

Leopoldo versucht einige Tanzschritte.

Leopoldo: Riccardo, ich bin überzeugt, daß der Grundschritt dieser ist, ja? Schau mal ein bißchen her.

Riccardo bückt sich und nimmt eine Fotografie auf.

Riccardo: Wer ist denn dieser Rauschebart?

Alberto sieht die Fotografie, küßt sie und sagt schlicht ...

Alberto: Das ist mein seliger Papa.

Riccardo (zu Leopoldo): Leopoldo, komm, schau dir mal dieses Foto an. (kichert)

Alberto (mit einem Freudenschrei): Da ist der Hut. Siehst du, ich hab ihn gefunden.

Alberto zieht aus der Truhe einen altmodischen federgeschmückten Frauenhut. Er setzt ihn auf und schwenkt grotesk die Hüften.

Varieté Bertucci. Innen. Nacht.

Auf der Bühne des Theaters spielt ein 10-Mann-Orchester einen Mambo.
Das Parkett ist belebt von maskierten Pärchen, die in dem tropischen Klima ausgelassen tanzen, wodurch die lebhaften Rhythmen des Orchesters noch besser zur Geltung kommen.
Von den Balkonen herab hängen Girlanden und Luftschlangen, die von den Tänzern im Parkett mitgeschleift werden.
Unter den Pärchen entdeckt man Riccardo zusammen mit einem als Odaliske verkleideten Mädchen. Riccardo trällert die Melodie des Mambo mit.
Ein anderes Pärchen besteht aus Alberto in Frauenkleidern und Caruso.
Jetzt betritt Signor Rubinis Familie eine Parkettloge. Signora Rubini trägt ein altes Abendkleid und Reiherfedern auf dem Kopf. Signor Rubini trägt einen blauen Anzug. Sandra ist im Abendkleid und trägt eine silberne Halbmaske, sie klammert sich an Faustos Arm. Fausto, im Smoking, betrachtet mit gespielter Langeweile das Durcheinander auf der Piste. Sandra hingegen strahlt.

Sandra (zu Fausto): Tanzen wir?

Fausto lächelt Sandra zu und geleitet sie aus der Loge. Sie gehen aufs Parkett hinunter und beginnen zu tanzen. Statt die komplizierten Figuren auszuführen, die der Tanz verlangt, tanzen sie, Wange an Wange geschmiegt, sich nur ein wenig in den Hüften wiegend.
Auf Sandras Gesicht liegt ein Ausdruck zärtlichen und leidenschaftlichen Glücks. Mit verständnisvollem Lächeln versucht Fausto, den Stößen der anderen Tanzpaare auszuweichen. Er hält sich deswegen am Rande des Parketts. Das kommt ihm ›vornehmer‹ vor. Beim Refrain des Mambo wird Sandra immer hingebungsvoller. Sie schließt die Augen und summt mit geschlossenen Lippen die Melodie mit.
Riccardo tanzt mit seiner Odaliske und drückt sie feurig an sich.

Riccardo: Haben Sie noch nie die unteren Räume dieses Theaters gesehen?

Das Mädchen sieht ihn ironisch lächelnd an. Sie hat verstanden, wo Riccardo hinaus will.
Etwas weiter entfernt entdeckt man unter den Tanzpaaren Leo-

poldo in seinem Kostüm eines Mandarins; er tanzt mit einem Mädchen, das seinerseits als Chinesin verkleidet ist. Es ist die eine von Sandras Freundinnen, die wir beim Spazieren auf dem Corso kennengelernt haben.

Leopoldo: Sie hatten die gleiche Idee ... China ... Wissen Sie, was das für uns beide bedeutet?

Das Mädchen ist zerstreut und antwortet nicht.

Leopoldo (drängend): Es bedeutet, daß wir gleich sensibel sind.

Mädchen (sie beschwert sich verärgert): Warum drücken Sie den so?!

Leopoldo (er lächelt gequält): Nur so – unter Chinesen!

Mädchen: Na, ich habe jetzt Durst, ich geh was trinken.

Leopoldo (bahnt ihr den Weg): Oh, ich lade Sie ein! ... Entschuldigung! (dann, im Versuch, sie zu beeindrucken) Wissen Sie, woran ich eben gedacht habe? ... Daß eines Tages Sie, in diesem Theater, eine meiner Komödien sehen werden ...

Mädchen: Mir gefallen Revuen.

Leopoldo (nachsichtig lächelnd): Süß! Haben Sie schon mal den Schnürboden dieses Theaters gesehn?

Die beiden sind jetzt beim Büffet angelangt, wo auf einem langen Tisch kalte Platten, Süßigkeiten, Karaffen mit Orangeade und Limonade hergerichtet sind. Unter den Kellnern ist auch Antonio. Irgendjemand zupft Leopoldo am Ärmel. Es ist das Dienstmädchen von gegenüber, das als Zigeunerin verkleidet ist. Sie trägt eine Maske.

Dienstmädchen: Erkennst du mich?

Leopoldo verbirgt seine Überraschung nicht und wird verlegen.

Leopoldo: ... Na klar erkenne ich dich.

Er lächelt, aber er weiß nicht, ob er die beiden Mädchen einander vorstellen soll. Er wendet sich an den Kellner.

Leopoldo: Bitte zwei Orangeaden. (zum Dienstmädchen) Bist du allein?

Dienstmädchen: Nein, ich bin mit Freundinnen.

Leopoldo (zur Chinesin): Bitte (er reicht ihr die Orangeade) – (zum Dienstmädchen) Ich ... ich habe mich erst im letzten Augenblick entschlossen herzukommen ... (feixt)

Einen Augenblick herrscht Verlegenheit.

Dienstmädchen: Ich weiß.

Die Chinesin schaut die Zigeunerin mit schlecht verhüllter Verachtung an. Sie hat ausgetrunken und setzt das Glas hart auf den Tisch des Buffets.

Leopoldo (um die Peinlichkeit zu überspielen, wendet er sich an das Dienstmädchen): Reizend, dein Kostüm ... (zur Chinesin) Wollen wir tanzen?

Leopoldo zahlt, legt der Chinesin den Arm um die Hüften und macht zwei Tanzschritte.

Leopoldo (lächelt dem Dienstmädchen zu): Nachher tanze ich mit dir.

Leopoldo und die Chinesin tanzen davon. Das Dienstmädchen lächelt ein wenig verzagt.

Dienstmädchen: Ja ... nachher ...

Im Gedränge tanzend kommen Fausto und Sandra in die Nähe des Buffets.

Fausto: Willst du was Süßes, Liebling?

Sandra (erhitzt): Nein ... ich sterbe vor Durst! Eine Limonade ...

Das Paar hört auf zu tanzen und Fausto bestellt bei Antonio.

Fausto: Eine Limonade, bitte.

Fausto erkennt Antonio:

Guten Abend, Antonio.

Antonio (während er die Limonade in ein Glas einschenkt): Wir sind als Verstärkung hier.

Fausto (in uninteressiertem Ton): Lustig, nicht?

Moraldo: Kann ich mit meinem Schwesterchen tanzen?

Aufgeregt lachend kommen zwei Damen zum Buffet. Ein kleiner Herr im Smoking ist in ihrer Begleitung. Eine der Damen, in ihrem schwarzen Abendkleid beinahe nicht zu erkennen, ist Signora Giulia, die Chefin des Geschäfts, in welchem Fausto arbeitet. Sie ist leicht angeheitert.

Giulias Freundin: Ich könnte beinahe noch einmal essen. Ich hab einen Hunger ...

Herr im Smoking (eifrig): Einen Cognac, Signora Giulia?

Signora Giulia (lachend): O nein, mir dreht sich schon der Kopf.

Als Signora Giulia sich umwendet, sieht sie Fausto im Spiegel, der sie genau betrachtet. In der Tat zeigt das Decolleté der Signora Giulia einen üppigen, sehr weißen Busen. Die Signora wendet sich Fausto zu und dieser, sich immer mehr in seine Rolle einlebend, nickt leicht mit dem Kopf. Signora Giulia, etwas allzu ausgelassen – vielleicht hat sie wirklich ein bißchen getrunken, oder vielleicht will sie nur zeigen, daß sie mit ihrem Angestellten gut steht – tut etwas Unerwartetes. Sie nimmt eine Handvoll Konfetti aus einer Tüte und wirft sie mit lautem Lachen Fausto ins Gesicht.

Fausto ist angenehm überrascht und rührt sich nicht. Er spuckt zwei Konfetti, die ihm zwischen die Lippen gekommen sind, wieder aus, schließt die Augen halb und lacht gelöst.

Fausto: Amüsieren Sie sich?

Signora Giulia: Sehr.

Fausto senkt den Blick und betrachtet unverfroren den Busen von Signora Giulia. Er senkt die Lider und läßt die Nasenflügel beben.

Fausto (weist auf die Tanzfläche): Gestatten Sie?

Signora Giulia hat plötzlich das Gefühl, daß sie ein bißchen zu weit gegangen ist.

Signora Giulia (ernst): Nein, danke! Ich bin in Begleitung.

Sie wendet sich Signor Michele zu, der quer durch den Saal kommt.

Signora Giulia: Michele!

Mit ihrer Freundin und dem anderen Herrn im Smoking geht sie auf ihren Mann zu.

Fausto lächelt geheimnisvoll.

(Überblendung)

Zwei Stunden später hat der Maskenball seinen Höhepunkt erreicht. Das Orchester spielt wild, im chaotischen Versuch, eine amerikanische Band zu imitieren. Der Trompeter erhebt und setzt sich im Takt.

Signor Michele und Signora Giulia tanzen lachend und etwas außer Atem.

Auch Sandras Eltern tanzen, korrekt und würdevoll, aber nur halb so schnell, wie das Orchester spielt.

Fausto und Sandra tanzen wieder, Wange an Wange, wie vorher.

Mitten auf der Tanzfläche trinkt Alberto aus einer Flasche, die ein junger Mann ihm gegeben hat. Er ist schon angetrunken und seine Lustigkeit amüsiert die Pärchen rund um ihn. Sie haben ihm für seine Hanswurstiaden etwas Platz gelassen.

Alberto imitiert mit gellendem Geschrei eine Trompete.

Das Orchester spielt noch schneller und lauter als vorher. Die Decke erzittert unter dem Stampfen der Tanzenden. Ab und zu rieselt ein wenig Staub herunter. Das Getöse des Orchesters ist ohrenbetäubend.

Im Halbdunkel der Nischen entdeckt man engumschlungene Pärchen, unter ihnen auch Riccardo und die Odaliske. Riccardo küßt das Mädchen zärtlich auf den Hals.

Das Mädchen schließt die Augen und läßt es sich gefallen.

Riccardo (raunt): Morgen nehm ich dich zu einer schönen Autofahrt mit . . .

(Überblendung)

Vom Orchester ist nur eine grell schmetternde Trompete übriggeblieben. Der Ball ist zu Ende. Die Logen sind leer. Auf der verödeten Tanzfläche, zwischen Haufen von Luftschlangen und Konfetti, tanzen nur noch Leopoldo, das Dienstmädchen, der Trompeter und Alberto: seine Perücke ist verrutscht, ungeschickt eine große Puppe aus Pappe umklammernd, schleppt er sich mühsam über die Piste.

Leopoldo drückt das Dienstmädchen an sich und schleppt es wie ein Bündel Lumpen über die Tanzfläche.

Alberto, der immer schwächer auf den Beinen wird, tanzt engumschlungen mit der Puppe. Er bedeckt sie mit Küssen und drückt sie verliebt an sich. Plötzlich hält er inne. Er sieht aus, als müsse er sich gleich erbrechen. Er bemerkt das alberne Gesicht einer anderen Puppe, die über ihm von der Decke hängt, und schneidet ihr eine verächtliche Grimasse. Am Ende seiner Kräfte wankt er nun dem Ausgang des Theaters zu, die Puppe hinter sich her ziehend.

Vorhalle des Ballsaals. Innen/Außen. Morgendämmerung.

Alberto tritt in die kalte Morgendämmerung hinaus. Der Platz vor dem Theater liegt verlassen. Man hört noch die Trompete die letzten Takte eines Can-Can spielen.

Nach kurzer Zeit herrscht absolute Stille. Alberto lehnt sich an eine Säule der Eingangshalle. Er wartet, bis er wieder zu Kräften kommt.

Alberto rutscht an der Säule herunter und sitzt schließlich auf deren Sockel. Er greift sich mit der Hand an die Stirn.

Kurz darauf kommen Moraldo und das als Chinesin verkleidete Mädchen heraus.

Moraldo will gerade Arm in Arm mit seiner Begleiterin weggehen, als er Alberto bemerkt und stehen bleibt.

Moraldo: Alberto, was hast du? (er kommt einen Schritt näher) Ist dir nicht gut?

Alberto (mit gesenktem Kopf, verdrießlich): Nein, mir geht's gut, mir geht's gut ...

Moraldo kommt noch einen Schritt näher und will Alberto am Arm fassen.

Moraldo: Komm, ich begleite dich nach Hause.

Alberto (ärgerlich): Ach verschwinde! (er sieht die Chinesin) Geh! Geh nach Peking!

Moraldo (mild): Los, gehen wir, steh auf.

Mädchen (leise zu Moraldo): Moraldo, laß ihn doch.

Moraldo: Was heißt, »laß ihn doch?«! Das ist Alberto, ein Freund von mir.

Alberto: Uff! (steht auf)

Moraldo kommt an Albertos Seite, stützt ihn unter dem Arm, und die beiden machen sich auf den Weg, gefolgt von dem Mädchen, das offensichtlich verärgert ist über das geringe Interesse, das Moraldo ihr gegenüber zeigt.

Alberto, der ganz betäubt ist, versucht zu tun, als fühle er sich wohl.

Alberto: Gehn wir baden?

Moraldo (als spräche er mit einem Irren): Ja, nachher gehn wir baden ... Jetzt gehn wir nach Hause ... Wir gehn zusammen, ja?

Die drei gehen weiter.

Plötzlich bleibt Alberto schwankend stehen und starrt Moraldo an.

Alberto: Wer bist denn du?

Moraldo: Moraldo.

Alberto: Wer bist du?

Moraldo: Moraldo.

Alberto schnalzt mit der Zunge.

Alberto: Niemand bist du. Ihr seid alle miteinander niemand. (Er schwankt und fällt gegen Moraldo, der ihn auffängt.) Alle miteinander! Alle! Na klar! Was habt ihr euch denn in den Kopf gesetzt? (er versucht, sich loszureißen) Was habt ihr euch ... laß mich ... laß mich ... Laß mich los! Ihr kotzt mich an!

Moraldo läßt ihn endlich los. Alberto entfernt sich mühsam und zieht immer noch die Puppe hinter sich her.

Alberto: Ich will allein gehn.

Moraldo: Alberto, du wirst dir wehtun.

Alberto: Ich will allein gehn. Ich geh ganz langsam ...

Moraldo: Alberto, glaub mir ...

Alberto: Ihr seid niemand! (Er wendet sich um und spuckt aus) Ihr kotzt mich an!

Das Mädchen versucht nochmals, Moraldo mit sich zu ziehen.

Mädchen: Moraldo, ich bitte dich, gehn wir doch!

Moraldo: Was heißt »gehn wir«?! Ich kann ihn doch nicht hierlassen. (zu Alberto) Kann ich jetzt mitkommen? Kann ich mitkommen?

Alberto: Na komm, komm, meinetwegen.

Moraldo, gefolgt von dem Mädchen, kommt zu Alberto und stützt ihn erneut.

Alberto: Was willst du denn von mir?

Moraldo: Nichts, gar nichts. Los, gehn wir nach Hause.

Alberto: Was willst du von mir?

Moraldo: Nichts! Vorwärts.

Alberto (stehenbleibend): Weißt du was, Moraldo? Hör mal: Wir müssen heiraten!

Moraldo: Ja.

Alberto: Wir müssen heiraten! Hast du Fausto gesehn? Ruhig ... hat sein Plätzchen ... er ist glücklich. Daheim ... wir müssen auch heiraten.

Riccardo mit seinem Mädchen geht vorbei, bleibt stehen und grüßt von weitem.

Riccardo: Ciao. Albertone, ciao.

Alberto wendet sich ihm zu und schreit.

Alberto: Du mußt heiraten, Riccardo. Heiraten mußt du!

Riccardo: Ciao! Schon gut, schon gut! Ciao!

Alberto (zu Moraldo): Siehst du, ich hab's ihm auch gesagt. Weißt du, was wir machen? Wir schiffen uns ein. Wir fahren nach Brasilien. Was?! Was meinst du, Brasilien? Die da nehmen wir auch mit.

Mädchen: Ja, richtig.

Alberto: Ja, das ist richtig, nach Brasilien. Wir nehmen einen Dampfer. (imitiert die Sirene eines Schiffes) Ich fall nicht! Ich fall schon nicht!

Moraldo: Ja. Aber jetzt gehn wir nach Hause, ja?!
Alberto: Nach Brasilien ... auf einem schönen Dampfer!

Moraldo entfernt sich mit Alberto, der weiter vor sich hin faselt. Das Mädchen protestiert.

Mädchen: Und mich läßt du hier stehen?
Moraldo: Aber ich kann ihn doch nicht hierlassen. Komm auch mit. Los, gehn wir, komm!

Den verlassenen Platz überquerend gehen sie davon.

Straße vor Albertos Haus. Außen. Morgendämmerung.

Die Straße liegt verlassen da. Von den elektrischen Leitungen hängen Luftschlangen. Beim Gartentor von Albertos Haus steht ein Fiat 1100 mit brennenden Scheinwerfern. Hinter dem Steuer sitzt der Mann, den wir mit Olga am Strand gesehen haben. Alberto, Moraldo und das als Chinesin verkleidete Mädchen biegen um eine Ecke. Sie erreichen Albertos Haus.

Moraldo (bereitwillig): So, Alberto, jetzt bist du zuhause. Willst du, daß ich dich nach oben bringe?

Alberto (taumelt gegen die Mauer): Ich geh nicht nach Hause. Was soll ich da?

Hinter Alberto ertönt eine unterdrückte und erregte Stimme.

Olga: Alberto! ... Alberto!

Alberto wendet sich um und steht Olga gegenüber. Die junge Frau hat einen Mantel an und trägt ein Köfferchen in der Hand. Ihre Augen sind rot verweint.

Olga: ... Ich habe bis jetzt auf dich gewartet. Alberto! ... Ich wollte mich von dir verabschieden ... Verzeih mir, Alberto ... Bleib bei Mama ... Ich werde immer an euch denken ... Leb wohl!

Olga gibt Alberto einen hastigen Kuß und läuft zum Auto.

Olga (mit zitternder, tränenerstickter Stimme): Sei vernünftig, Alberto!

Alberto (ganz durcheinander, mit versagender Stimme): Olga, wohin gehst du ... (zu Moraldo) Wo geht sie denn hin?

Bevor Olga in den Wagen steigt, wendet sie sich um und winkt grüßend mit der Hand.

Alberto (schreit): Olga! Olga!

Der Wagen fährt weg.

Alberto: Olgaaa!

Alberto bleibt beim Tor stehen, vollkommen verstört. Er wendet den Blick zu Moraldo, der betroffen stehen geblieben ist, wie erstarrt.

Mit einem Ruck dreht sich Alberto um und geht durchs Tor.

Hauseingang. Innen. Morgendämmerung.

Atemlos steigt Alberto die paar Stufen hinauf, fummelt am Türschloß herum und betritt schließlich die Wohnung.

Eßzimmer. Innen. Dämmerung.

Am Tisch sitzt die Mutter und hält ihren Kopf in beiden Händen. Ihre Schultern werden von Schluchzern geschüttelt.

Alberto erscheint in der Tür. Er bleibt stehen; ihm kommen die Tränen.

Alberto (mit vor Tränen heiserer Stimme): Mama ... was ist passiert?

Mutter (zwischen Schluchzen): Hast du gesehn ... sie ist fortgegangen ... Das hätte ich nie von meiner Tochter erwartet ... Nach all den Opfern ... (sie schluchzt wieder heftig)

Alberto geht zum Tisch und streichelt der Mutter den Rücken. Er küßt sie auf den Kopf.

Alberto (weinend): Weine doch nicht, Mamachen ... Ich werde niemals fortgehn. Ich bleibe immer bei dir.

Das Schluchzen der Mutter wird stärker.

Alberto: ... und du wirst sehn, sie bereut es und kommt zurück ...

Die Mutter schüttelt den Kopf.

Alberto (weinend, voller Wut): Und wenn sie nicht zurückkommt, umso besser! Was glaubt die eigentlich?! Wegen der paar Lire, die sie uns gegeben hat! Soll sie gehn, soll sie verschwinden! Wir brauchen niemanden ... Ich finde schon Arbeit!

Bei diesen Worten hört die Mutter auf zu weinen und hebt den Kopf. Sie sieht Alberto ein bißchen überrascht an.

Mutter (mit brüchiger Stimme): Wirklich, Alberto?

Alberto: Vielleicht nicht?!

Mutter (hoffnungsvoll): Hast du etwas gefunden?

Alberto: Wie?

Mutter: Ob du etwas gefunden hast?

Alberto ist leicht darüber erschrocken, daß er ein so präzises Versprechen gegeben hat. Er hört auf zu weinen und schnaubt.

Alberto: Nein.

Er läßt sich schlaff in einen Sessel fallen, und sein Schluchzen wird schwächer.

Devotionaliengeschäft. Innen. Tag.

Fausto tritt durch die Tür und sieht sich um im Geschäft, das voller Kunden ist. (Eine Gruppe von Nonnen, eine Gruppe Novizen, ein paar Seminaristen und zwei alte Frauen.)

Signor Michele, der gerade den Nonnen einige elektrisch beleuchtete Statuetten zeigt, sieht Fausto eintreten und wirft dem jungen Mann einen schnellen, vorwurfsvollen Blick zu.

Ohne sich allzusehr zu beeilen, durchquert Fausto das Geschäft.

Fausto: Guten Morgen.

Signor Michele (kurz): Ah!

Fausto will gerade in die hinteren Räume gehen, als die Stimme von Signor Michele ihn zurückhält.

Signor Michele: Kümmern Sie sich ein bißchen um die Wünsche der Signora.

Fausto (sich umwendend): Welcher Signora?

Signor Michele: Was heißt »welcher«? Von der da!

Er weist dabei auf die alte Frau, die sich schüchtern dem mittleren Ladentisch genähert hat. Fausto unterdrückt ein Gähnen und stützt sich lässig auf den Ladentisch.

Fausto: Sie wünschen?

Alte: Wir hätten gern zwei rote Kerzen ... so, wie wir sie schon letztes Jahr gekauft haben.

Fausto (zu Signor Michele): Sie wollen zwei rote Kerzen.

Signor Michele (sich beherrschend): Gut, dann holen Sie sie!

Sie sind dort.
Fausto steuert auf das Lager zu, im Vorbeigehen lächelt er Signor Michele fröhlich und vertraulich zu.

Fausto (leise): Haben Sie sich gestern abend amüsiert? Wie?

Signor Michele unterdrückt eine Geste des Ärgers.

Signor Michele (zischt): Hören Sie, am Morgen haben Sie als erster dazusein.

Fausto (vertraulich): Ja, ich weiß, aber ... Die Schwester von Alberto ist ausgerissen ... (er fügt hinzu) ... einer meiner Freunde.

Signor Michele: Reißt die jeden Morgen aus? Sie haben immer eine Entschuldigung.

Fausto: Außerdem habe ich etwas Kopfweh.

Signor Michele: Gehen Sie!

Nachdem Fausto Signora Giulia kurz begrüßt hat, geht er etwas gedemütigt in die hinteren Räume des Ladens.

Fausto geht zu einem Regal, wo verschiedene Schachteln mit Kerzen lagern. Er ergreift eine Schachtel, die unter den anderen liegt, und mit einer kurzen, eleganten Bewegung will er sie wie ein geübter Verkäufer herausziehen. Aber die Schachteln darüber fallen mit großem Krach zu Boden.

Signor Michele wirft seiner Frau einen Blick zu, und beide gehn zur Tür, die ins Lager führt, um zu sehen, was geschehen ist.

Fausto kniet am Boden und sammelt die heruntergefallenen Kerzen auf. Als er den Kopf hebt, sieht er vor sich Signor Michele und Signora Giulia und macht lächelnd eine entschuldigende Geste.

Signor Michele, der sich zusammennehmen will, gibt seiner Frau ein Zeichen.

Signor Michele: Hilf ihm!

Signora Giulia bückt sich, um die heruntergefallenen Kerzen aufzuheben.

Fausto: Oh, bitte nicht, Signora, verzeihen Sie!

Ohne zu antworten sammelt Signora Giulia weiterhin die Kerzen auf. Fausto, der sie so dicht vor sich sieht, kann es sich nicht verkneifen, ihre Hüften und ihren Busen anzustarren.

Signora Giulia fühlt diesen Blick und hört für einen kurzen Moment auf, die heruntergefallenen Kerzen zusammenzulesen; sie fühlt sich unbehaglich. Sie steht auf, während Fausto auf den Knien bleibt und sie mit einem schwachen Lächeln betrachtet.

Dann steht auch Fausto auf. Alle Kerzen sind inzwischen aufgesammelt worden.
Fausto greift mit der Hand in die Tasche und zieht sie wieder heraus: auf der Handfläche liegt ein Häufchen Konfetti.
Fausto ›spielt Gedächtnis‹: er lächelt kurz, sieht Signora Giulia an, und mit einer Geste, die ›mondäne Komplizenschaft‹ ausdrücken soll, wirft er ihr das bißchen Konfetti ins Gesicht.
Völlig überrumpelt und mit stillem Unwillen sieht ihn seine Chefin an. Mit raschen knappen Bewegungen wischt sie sich die Konfetti von der Schürze. Aber trotz alledem deutet sie ein höfliches Lächeln an.

Signora Giulia (überrascht): Na ...

Fausto (seicht-geheimnisvoll lächelnd): Wie du mir, so ich dir ...

Signora Giulia fixiert ihn streng, aber mit einer Spur von Verlegenheit.

Signora Giulia (trocken): Der Karneval ist vorbei.

Fausto starrt der Frau frech in die Augen und senkt die Lider etwas.

Fausto (leicht bekümmert): Signora Giulia, Sie sollten sich immer so anziehen wie gestern abend.

Ohne zu antworten entfernt sich Signora Giulia.
Mit zufriedenem Lächeln bleibt Fausto einen Augenblick stehen. Dann betritt er langsam wieder den Laden, die Schachtel mit den Kerzen in der Hand.
(Überblendung)
Fausto starrt auf Signora Giulia, die im Raum hinter dem Laden an ihrem Schreibtisch arbeitet.
Das Geschäft ist leer.
Signora Giulia hebt für einen Moment den Blick von ihrer Arbeit und sieht Fausto, der sie anstarrt. Das ungewöhnliche Benehmen des jungen Mannes erfüllt sie mit einer gewissen Beunruhigung. Um diese zu überspielen, wendet sie sich Fausto zu und bittet ihn, so natürlich sie kann ...

Signora Giulia: Fausto, geben Sie mir bitte den Packen Quittungen, der in der Schublade liegt.

Fausto lächelt und antwortet, ohne den Blick von den Augen der Frau zu wenden.

Fausto (halblaut): In welcher Schublade?

Signora Giulia: In der Schublade des Ladentischs, dort ...

Fausto nickt kurz und rätselt weiter an Signora Giulias Absichten herum. Er holt die Quittungen und kommt damit in den Raum hinter dem Laden zurück. Er legt den Packen auf den Schreibtisch vor Signora Giulia und bleibt unbeweglich neben ihr stehen. Sie schreibt weiter, ohne den Kopf zu heben. Aber Faustos lastende Gegenwart macht sie nervös und schließlich blickt sie zu ihm auf.

Fausto (leise): Da sind die Quittungen. Wissen Sie, daß ich diese Nacht nicht geschlafen habe? (Pause) Ich habe immer mit Ihnen getanzt ... im Traum.

Signora Giulia ist sichtlich verlegen. Sie nimmt einen Stapel Bücher vom Tisch und reicht ihn Fausto.

Signora Giulia (bestimmt): Stellen Sie die da ins Bücherregal.

Sie hat es vermieden, Fausto anzusehen, und der junge Mann hält ihre Zurückhaltung für Verwirrung. Lächelnd nimmt Fausto das Bücherpaket, macht rückwärts zwei Schritte zum Regal und bleibt dann stehen. Sein Lächeln verstärkt sich.

Fausto (schmeichlerisch): Helfen Sie mir auch *dabei*?

Signora Giulia tut einen Augenblick so, als habe sie den Vorschlag des jungen Mannes überhört. Aber sie ist sichtlich erregt. Sie klappt das Hauptbuch zu, steht auf und geht auf den Laden zu.

In der Tür versperrt ihr Fausto den Weg.

Bemüht, der Sache so wenig Gewicht wie möglich zu geben, nimmt sie Fausto die Bücher aus den Händen.

Signora Giulia (ohne ihn anzusehen, mit erstickter Stimme): Geben Sie her, ich mach das schon!

Sie will die Bücher ins Regal stellen, aber Fausto wendet sich um und breitet zwischen dem Bücherregal und der Frau seine Arme aus, um sie am Vorbeigehn zu hindern.

Fausto (verführerisch): Was für ein Temperament! Erst gestern abend habe ich begriffen, daß Sie eine wirkliche Frau sind.

Die gehetzten Blicke der Frau fliegen bald hier-, bald dorthin. Fausto kommt immer näher, und sie ist gezwungen, sich zwischen seinem Arm und dem Bücherregal durchzuzwängen.

Signora Giulia (stößt mit erstickter Stimme hervor): Sie sind ja betrunken.

Sie drängt sich an Fausto vorbei; so flüchtig diese Berührung auch ist, sie genügt als Auslöser für Fausto, der jetzt aktiv wird. Er nähert sich ihr.

Fausto (flüsternd): Ja, berauscht von dir, deinem Fleisch, deinem Duft!

Fausto küßt sie gegen ihren Willen auf den Hals.

Signora Giulia: He, hören Sie mit diesen Dummheiten auf.

Fausto: Warum wollen Sie mir weismachen, daß es Ihnen keinen Spaß macht?

Signora Giulia: Nein!

Signora Giulia stößt einen kleinen erstickten Schrei aus. Sie macht sich von ihm frei und gibt ihm eine Ohrfeige.

Schnell hat sie sich gefaßt und geht in den Laden. Ihr Gesicht ist gerötet, und sie atmet schwer.

Signor Michele betritt händereibend das Geschäft und geht auf seine Frau zu.

Signor Michele: Draußen scheint zwar die Sonne, aber es ist kalt.

Aus dem hinteren Raum taucht Fausto auf, sich mit falscher Unbefangenheit die Krawatte richtend. Er vermeidet es, Signor Michele ins Gesicht zu sehen. Kurzes Schweigen. Die Ladentür öffnet sich erneut, eine elegant gekleidete Dame von etwa vierzig Jahren tritt ein, in Begleitung eines etwa achtzehnjährigen Mädchens (ihre Tochter). Die Dame kommt näher, nickt grüßend und wendet sich an Signor Michele.

Kundin: Guten Tag. Ich suche einen Engel.

(Überblendung)

Ladenschluß. Der Rolladen ist halb heruntergelassen. Fausto hat die Arbeitsschürze ausgezogen, nimmt Hut und Mantel und will zur Tür gehn.

Fausto: Guten Abend, Signor Michele! Ich geh gleich hier durch.

Signor Michele unterbricht ihn.

Signor Michele: Einen Augenblick! Kommen Sie rauf und trinken Sie ein Gläschen mit uns. Heute ist unser Hochzeitstag. Es sind jetzt fünfzehn Jahre ...

Mit diesen Worten löscht er das Licht im Geschäft und öffnet eine kleine Tür, die auf den Hof hinausführt. Er tritt etwas beiseite, um Fausto vorbeizulassen. Fausto ist etwas unsicher.

Fausto (zögernd, etwas mißtrauisch): Meinen Glückwunsch ... Ich möchte aber nicht stören.

Signor Michele: Nein, nein. Sie stören uns keineswegs. Kommen Sie.

Fausto: Sehn Sie, wenn ich es gewußt hätte, hätte ich ein paar Blumen gebracht. Ich weiß nicht ... oder sonstwas.

Signor Michele: Nein, machen Sie sich deswegen keine Sorgen.

Er deutet auf die Treppe, die vom Geschäft zu seiner Wohnung hinaufführt.

Signor Michele: Hier, bitte ... gehn Sie nur voraus ... da oben ist unsere Wohnung ganz gemütlich ... bitte.

Fausto (weiß nicht, was er sagen soll): Danke! Sehr freundlich.

Die beiden verschwinden auf der Treppe.

Signor Micheles Salon. Innen. Abend.

Die Wohnung liegt im Dunkeln. Im Vorzimmer wird ein Licht angeknipst, das durch die Milchglasfenster der Türe auch den Salon erleuchtet.

Signor Michele (off): Kommen Sie, kommen Sie. Ich geh Ihnen voraus.

Die Tür zum Salon öffnet sich und Signor Michele macht Licht.

Signor Michele: Giulia! Sei so gut und bring den Wermut.

Er geht zu einer Vitrine, holt ein Tablett hervor und stellt drei Gläser darauf.

Fausto ist in der Tür stehengeblieben und sieht sich interessiert im Zimmer um.

Sein Mißtrauen ist verschwunden.

Fausto: Schön ist es hier.

Signor Michele (sich umwendend): Gefällt es Ihnen? Es ist nur bescheiden, aber ich fühle mich hier wohl. Setzen Sie sich doch!

Fausto setzt sich auf einen Sessel.

Fausto: Ich muß mir jetzt auch eine Wohnung einrichten.

Signor Michele (wirft einen raschen Blick auf Fausto): Ah, schon ...

Signora Giulia tritt ein mit einer Flasche Wermut in der Hand.

Als sie Fausto sieht, bleibt sie einen Augenblick überrascht stehen. Wortlos stellt sie die Flasche auf den Tisch.

Signor Michele: Ah, der Wermut.

Signora Giulia (etwas unbehaglich): Ich geh rüber ... fertig machen ...

Signor Michele: Ja, Liebste. Geh, geh nur. (zu Fausto, als sie draußen ist) Nett meine Frau, nicht?

Fausto (schnell): Oh, ja, sehr. Und ...

Signor Michele (fragend): Und? ...

Fausto (weiß nicht, was sagen): ... nett.

Inzwischen hat Signor Michele die drei Gläser gefüllt.

Signor Michele: Nun ja! Wir sind zwar nicht mehr jung, aber wir haben es gut miteinander. Wir haben nur wenige Freunde und so bleiben wir fast jeden Abend zu Hause ... in diesem Zimmer hier. Manchmal spielen wir auch Karten. Jetzt lachen Sie bestimmt, nicht? Was, Ihr spielt Karten? Oder ich lese ein Buch, und meine Frau strickt. Und wir langweilen uns nicht. Wissen Sie, warum? (Pause) Weil wir uns lieben. (Pause) Aber das können Sie ja nicht verstehn.

Fausto: Oh, das verstehe ich sehr gut.

Signor Michele: Nein, das können Sie nicht verstehn.

Fausto: Doch doch.

Signor Michele. Nein, Sie können es nicht verstehn. Sie tut mir sehr leid. Mehr leid als Ihre arme kleine Frau!

Er zieht Geld aus der Tasche. Fausto schnappt nach Luft, als wolle er etwas sagen.

Fausto (aggressiv und verächtlich): Was soll das heißen? (Pause)

Signor Michele wird plötzlich von Zorn gepackt. Er beherrscht sich und wirft das Geld auf den Tisch vor Fausto.

Signor Michele: Hier ist Ihr Monatslohn. Erfinden Sie sich eine Ausrede für Ihre Familie und für Ihren Schwiegervater. Sagen Sie, daß Sie es hier nicht gut hatten. ... Daß es zuviel Arbeit gab ... Sagen Sie, was Sie wollen! ... Entschuldigungen finden Sie ja leicht.

Fausto ist aus seinem Sessel aufgestanden. Ein unsicheres Lächeln geht über sein Gesicht.

Fausto: Wieso schicken Sie mich fort?

Signor Michele: Damit Sie erst mal Lebensart lernen! Ich

habe Sie aufgenommen wie einen Bruder, und Sie haben sich aufgeführt wie ein Dreckskerl! Und jetzt, gehen Sie, ich vergesse mich sonst und schlag Ihnen die Fratze ein!

Fausto (mit gespielter Überraschung und Schmerz): So etwas hätte ich von Ihnen nicht erwartet.

Er nimmt das Geld vom Tisch.

Signor Michele (ruft): Giulia!

Fausto: Nein, hören Sie, lassen Sie das.

Fausto macht einen Schritt zur Tür hin und gleichzeitig erscheint Signora Giulia in der Küchentür. Verlegen blickt sie von ihrem Mann zu Fausto.

Signor Michele: Signor Fausto geht. Er arbeitet nicht mehr bei uns. Er gibt seine Stelle auf.

Fausto (mit kindlicher Bestürzung): Dann darf ich morgen also nicht mehr kommen?

Signor Michele: Nein.

Kurzes Schweigen.

Fausto (leise): Guten Abend.

Signor Michele und Signora Giulia sagen nichts. Nach kurzem Zögern geht Fausto zur Türe.

Fausto (zu Signora Giulia): Hören Sie, ich habe nur Spaß gemacht.

Er geht hinaus.

Eßzimmer im Hause Rubini. Innen. Abend.

Am Tisch sitzen Sandra, Moraldo, Signora Rubini und Signor Rubini. Sie haben eben zu essen angefangen. Sandra scheint seltsam glücklich und ungeduldig zu sein. Beim Ton der Türglocke springt sie auf.

Sandra: Fausto! (zu den Familienangehörigen) *Ich* sag es ihm, ja?!

Sie läuft zum Eingang.

Wohnungstür. Innen. Abend.

Sandra kommt aus dem Eßzimmer. Sie läuft zur Tür und öffnet sie: auf der Schwelle steht gedankenverloren Fausto. Bevor er noch etwas sagen kann, lacht Sandra glücklich.

Sandra: Fausto, komm! Eine Überraschung! Schließ die Augen!

Bevor Fausto etwas erwidern kann, nimmt sie ihn bei der Hand und führt ihn schnell ins Eßzimmer.

Eßzimmer. Innen. Abend.

Sandra (wiederholt): Schließ die Augen!

Fausto schließt die Augen, und Sandra nimmt von einem Sessel eine große Rolle Papier, die sie auf dem freien Teil des Tisches ausbreitet. Signor Rubini und Moraldo lächeln. Signora Rubini wirkt eher reserviert.

Sandras Mutter: Paß auf, daß du's nicht schmutzig machst!

Sandra (zu Fausto): So, jetzt darfst du schauen. Gefällt es dir?

Fausto schaut auf das große ausgebreitete Blatt, ohne gleich zu begreifen.

Fausto: Was ist das?

Sandra (glücklich): Was heißt hier, »was ist das?« Das ist die Aufstockung!

Fausto lächelt dümmlich und sieht instinktiv zur Decke, dann beugt er sich vor, um das Blatt anzusehen. Signor Rubini und Moraldo haben sich erhoben, um Sandras Erklärungen zu folgen.

Sandra (laufend auf etwas zeigend): Hier, siehst du, hier geht's herein ... das ist der Eingang. Hier die Küche mit der Speisekammer ... Das ist unser Zimmer ... Hier noch ein Zimmer ... für das Kleine ... Das ist das Eßzimmer ... und hier das Bad.

Während Fausto, den Blick auf das Papier gerichtet, Sandras Erklärungen folgt, setzt der Sprecher wieder ein.

Sprecher (off): Sandra sprach noch eine Stunde lang weiter. Der Plan wurde gebührend bewundert. Erst später, im Café ...

Billard-Café. Innen. Nacht.

Riccardo spielt mit Caruso Billard, während Leopoldo die Punkte markiert. An die Wand gelehnt verfolgen Fausto und Moraldo das Spiel, während sie miteinander reden.

Fausto: Ich hab meine Stellung verloren.

Moraldo: Hä?

Fausto: Doch, wegen meiner blöden Chefin.

Moraldo: Wieso blöd?

Fausto: Sie hat sich in mich verliebt. Sie provozierte mich ... Und da ich sie nicht beachtet habe ... auch aus Respekt vor Signor Michele ... außerdem ist sie alt ... Stell dir bloß vor, ich würde ... Da hat sie den Mann auf mich gehetzt, und heute hat er mich unter einem Vorwand entlassen.

Moraldo (entrüstet): Unter was für einem Vorwand?

Fausto (verwirrt): Na ja ...

Moraldo: Er kann dich doch nicht einfach wegschicken! Das wäre zu bequem.

Fausto (bitter und resigniert): Doch, eben, kann er, kann er. Stell dir vor, er hat mir gesagt: »Finden Sie eine Ausrede für Ihre Familie« ... verstehst du? (grimmig) *Ich* soll sie finden ...

Moraldo (mit wachsendem Unwillen): Das ist doch absurd! Du hättest nicht gehen müssen! Außerdem hat er dir keine Entschädigung gegeben, oder sonst was. Zunächst hätte er dir kündigen müssen ... wenigstens einen Monat vorher.

Fausto (betroffen): Nein, das hat er nicht gemacht.

Moraldo: Ein Monat ist das Minimum! ... Er kann dir nicht 30 000 Lire einfach so abzwacken ... Heutzutage schickt man keine Leute mehr so ... mir nichts, dir nichts ... weg, verstehst du? Du arbeitest, hast eine feste Anstellung ...

Moraldo spricht weiter, aber Fausto hört ihm nicht mehr zu. Abwesend hängt er eigenen Gedanken nach.

Platz vor der Kathedrale. Außen. Nacht.

Die Hände in den Taschen und mit gesenkten Köpfen, gehen Moraldo und Fausto nebeneinander her.

Nach einigen Schritten sieht Fausto Moraldo an. Er ist noch

unentschlossen, ob er sich ihm anvertrauen soll oder nicht. Schließlich bleibt er stehen, während Moraldo noch einige Schritte bis zu einem Brunnen weitergeht, wo er trinkt.

Moraldo: Ah, Wasser ist doch was Gutes, nicht? Trinkst du nicht, du hattest doch auch Durst.

Fausto: Hör mal, Moraldo . . .

Moraldo hält inne, wendet sich um und schaut zu Fausto, der ihn eindringlich ansieht.

Fausto: Kannst du ein Geheimnis für dich behalten?

Moraldo zuckt die Schultern.

Moraldo (unentschieden): Ich weiß nicht . . . wieso?

Fausto kommt näher.

Fausto: Du hast gesagt, Signor Michele hätte mir kündigen müssen, nicht? (Pause) Also, die Entschädigung dafür, die schnapp ich mir selber. (Pause) Dann machen wir halbe halbe.

Moraldo: Versteh kein Wort.

Fausto (geheimnisvoll, sich mißtrauisch nach allen Seiten umsehend): Hast du Angst, jetzt, mit mir, auf ein Dach zu steigen?

Moraldo: Was, Dach?

Fausto: Ein Dach!

Moraldo (immer unsicherer und neugieriger): Ich weiß nicht . . .wieso?

Fausto (ungeduldig): Kurz, hast du Angst?

Moraldo: Nein.

Fausto: Na, dann gehen wir. Komm!

Fausto geht davon, quer über den Platz. Zögernd bleibt Moraldo stehen und sieht ihm nach.

Fausto wendet sich um und wiederholt seine Aufforderung.

Fausto: Gehen wir.

Moraldo folgt ihm.

Dächer und Hof des Devotionaliengeschäfts. Außen. Nacht.

Moraldo und Fausto kriechen über ein Dach und lassen sich auf ein Vordach heruntergleiten, das zur Hälfte den Hof des Geschäfts von Signor Michele überdeckt.

Fausto geht Moraldo voran. Die beiden bewegen sich vorsichtig

und versuchen, so wenig Lärm wie möglich zu machen. Der Abstieg in den Hof, entlang der Regenrinne ist ziemlich mühsam, geht aber ohne Zwischenfall vor sich.
Fausto hilft Moraldo, auf den Boden herunterzukommen.

Moraldo (atemlos, leise): Aber ... wo sind wir hier?

Fausto (leise): Sei still, sprich nicht! ... Im Hof. (Er deutet aufs Haus) Sie schlafen, komm.

Fausto, unter dem Vordach, geht weiter und versucht, nicht zu stolpern in dem Durcheinander von Kisten, Schachteln und Kartons, die dort abgestellt sind. Immer unschlüssiger folgt ihm Moraldo. Fausto zündet ein Streichholz an und orientiert sich in dem Durcheinander. Moraldo kommt zu ihm.
Fausto geht zu einer Tür, die mit einem dicken Vorlegebalken verschlossen ist.

Fausto (halblaut): Hier.

Mit größter Vorsicht entfernt er die Querstange und reicht Moraldo die Zündholzschachtel.

Fausto: Nimm, mach Licht.

Moraldo nimmt die Schachtel und zündet ein Streichholz an. Fausto öffnet die kleine Tür, und man sieht einen Haufen Holzwolle.
Fausto, im Abstellraum, schiebt einige Büschel Holzwolle beiseite und legt so das Gesicht einer hölzernen Engelsstatue frei. Fausto entfernt den Rest der Holzwolle. Moraldo zündet noch ein Streichholz an. Die Statue ist jetzt ganz zu sehen: sie ist etwa 1,20 Meter hoch, aus Holz geschnitzt und bemalt; der Engel lächelt.
Fausto wendet sich befriedigt nach Moraldo um.

Moraldo: Was machst du da?

Fausto: Schön, nicht?

Moraldo: Was ist das?

Fausto: Ein Engel. Jetzt müssen wir ihn wegbringen. Weißt du, was sowas wert ist? Der kostet mindestens 40 000 Lire. Ich habe die Rechnungen gesehn. Er ist antik.

Das Streichholz erlischt.
Im Dunkeln hört man Moraldos erschrockene Stimme.

Moraldo (bestürzt): Willst du ihn stehlen?

Moraldo zündet ein weiteres Streichholz an.

Moraldo: Laß uns gehn, Fausto!

Fausto (leise eindringlich): Ich stehle ihn doch nicht. Als sie die Kisten abgeladen haben, ist er hier geblieben ... Niemand hat es bemerkt. Seit zwei Monaten. (bedrückende Pause) Und hast du mir nicht gesagt, daß mir das Kündigungsgeld zusteht? Er hat es mir nicht gegeben, also nehmen wir es uns.

Moraldo (zaudernd): Aber, das ist Diebstahl.

Fausto: Hör mal, Moraldo, ich habe jetzt Familie. Ich brauche dieses Geld ... Ich habe soviel in Ordnung zu bringen. Wenn du Angst hast, dann sag mir's. Dann mach ich's allein.

Moraldo antwortet nicht.

Fausto sieht ihm scharf in die Augen, bückt sich, umfängt den Engel und hebt ihn hoch.

Fausto: Mach mir wenigstens Licht!

Moraldo zündet ein Streichholz an, in dessen flackerndem Licht jetzt wieder das lächelnde Gesicht des Engels sichtbar wird, dicht neben dem von Fausto.

Fausto: Schau mal, wie schön der ist.

Moraldo (halblaut, mit einem vagen Lächeln voll Zärtlichkeit und Staunen): Sehr schön.

Straße vor dem Nonnenkloster. Außen. Tag.

Ein klarer, sonniger Morgen. Giudizio, der Dienstmann vom Bahnhof schiebt seinen Karren, auf welchem, in einen groben Sack gehüllt, der Holzengel liegt. Giudizio hüpft vergnügt hinter dem Wagen her und spielt auf einer Spielzeug-Trompete.

Fausto und Moraldo, die etwa zehn Schritte hinter ihm gehen, behalten ihn im Auge.

Moraldo (beunruhigt): Sag ihm, er soll still sein.

Fausto (leise rufend): Giudizio, hör auf!

Giudizio wendet sich um, lächelt dümmlich, murmelt ein paar unverständliche Worte und weist auf die Pforte eines mittelalterlichen Klosters.

Fausto und Moraldo nähern sich dem alten Bau, und Fausto zieht mit entschlossener Miene an der Klingelschnur. Man hört weit entfernt das Gebimmel einer kleinen Glocke.

Moraldo atmet nur langsam, und die beiden jungen Leute vermeiden es, sich anzusehen.

Nach einigen Augenblicken öffnet sich die Tür, und eine junge Schwester mit einer Brille streckt den Kopf heraus.

Fausto (sich anbiedernd): Guten Tag, Schwester. Ist die Mutter Oberin da?

Schwester: In welcher Angelegenheit?

Fausto (er lächelt wie ein Handlungsreisender): Ich habe ihr ein Geschäft vorzuschlagen.

Fausto deutet auf den Sack, der jetzt aufrecht auf dem Wagen steht.

Fausto: Es handelt sich um eine Gelegenheit ... Können wir sie sprechen?

Bei den Worten ›Geschäft‹ und ›Gelegenheit‹ wird die Schwester etwas mißtrauisch. Sie wirft einen Blick auf den Sack und besteht auf ihrer Frage.

Schwester: Worum handelt es sich? Die Mutter Oberin ist jetzt im Sprechzimmer.

Moraldo (leise zu Fausto): Fausto, gehen wir.

Fausto dagegen gibt nicht auf. Er wendet sich an Moraldo.

Fausto: Nein, Moraldo, laß es sehn ... zeig's mal. (zur Schwester gewandt) Sie werden sehen, es ist wundervoll.

Moraldo, dem die Sache unbehaglich ist, öffnet hastig den Sack und enthüllt den Kopf des Engels.

Giudizio lacht freudig.

Die Schwester zeigt sich überrascht.

Fausto (ruhig lächelnd): Ein Engel. Aus massivem Holz. Wir hatten ihn zuhause, können ihn aber jetzt nicht mehr behalten ... eine echte Gelegenheit.

Die Erscheinung des Engels im Sack auf dem Wagen hat die Schwester aus der Fassung gebracht. Sie tritt näher und besieht sich das rosige Gesicht und die himmelblauen Augen der Statue. Dann wendet sie sich wieder den beiden jungen Leuten zu und mustert sie mit unverhohlenem Mißtrauen. Jetzt liegt in ihrem Blick aber auch noch stumme Mißbilligung für diese respektlose Art, Engel spazieren zu fahren.

Plötzlich bricht Giudizio in wildes Geschrei aus.

Giudizio: Der Engel, der Engel, der Engel, der Engel!

Die Schwester fährt erschrocken zusammen und zieht sich zur Tür zurück.

Schwester: Nein, Engel haben wir schon viele ... Guten Morgen.

Fausto: Oh, einen Moment!

Aber die Tür schließt sich.

Fausto und Moraldo sehen sich schweigend an.

Giudizio, der den Sack wieder zugebunden hat, packt die Schubstangen des Wagens und schiebt los.

Fausto und Moraldo folgen ihm.

Hügel. Außen. Tag.

Jetzt schleppt sich der Wagen ein Sträßchen hinan, das auf einen Hügel in der Nähe der Stadt führt.

Giudizio zieht wie ein Pferd; Fausto und Moraldo, schweißgebadet, schieben. Auf dem Wagen wackelt und wankt die Statue. Die drei gelangen zum Garten des großen Klosters, das die ganze Hügelkuppe einnimmt. Giudizio stellt den Wagen ab und zeigt auf einen Mönch, der auf einen Baum geklettert ist und diesen gerade beschneidet.

Mönch: Was wollt ihr?

Fausto tritt näher.

Fausto: Guten Tag. Wie geht's? Darf ich Ihnen eine Zigarette anbieten? Augenblick mal – fangen Sie auf!

Er zieht eine Zigarette hervor und wirft sie dem Mönch auf dem Baum zu.

Fausto: Hoppla.

Der Bruder fängt sie auf.

Fausto: Bravo! Ein schöner Ort ist das hier. Das ist das wahre Leben. Entschuldigen Sie, wie heißen Sie?

Mönch (immer noch mißtrauisch): Pater Felice.

Fausto: Ist der Pater Guardian da?

Mönch (mit verneinender Geste): Nein.

Fausto: Na schön . . . aber, wenn er nicht da ist, wer kümmert sich da um alles?

Mönch: Ich.

Fausto: Ah, ausgezeichnet . . . (Pause, dann feierlich . . .) Ich hätte ein wichtiges Geschäft für Sie. Sind Sie interessiert an einer wirklich wunderbaren Statue, bemalt, passend für einen Altar?

Der Mönch steigt vom Baum und kommt zu den drei Männern.

Mönch (kurz): Habt ihr sie da?

Fausto: Ja. (zu Moraldo) Zeig sie mal.

Unruhig geworden, öffnet Moraldo hastig den Sack und enthüllt das Gesicht des Engels.

Fausto: Schauen Sie: ist er nicht schön! Beachten Sie den Ausdruck!

Der Mönch begutachtet die Statue.

Nach kurzem Schweigen sieht er Fausto scharf an.

Mönch: Wo habt ihr die her?

Das schuldbewußte Gesicht Moraldos ist nur zu verräterisch. Fausto dagegen behält kaltes Blut.

Fausto: Wir hatten sie zu Hause ... Wir haben keinen passenden Platz, wissen Sie ... und dachten nun daran, sie zu verkaufen.

Der Mönch wirft noch einmal einen Blick auf die Statue, dann fixiert er Fausto.

Mönch (hart): Nein. *Wir* können sie nicht brauchen.

Er dreht den dreien den Rücken zu, geht zum Baum und lädt sich ein Bündel dürrer Äste auf die Schultern.

Hafengegend. Außen. Abend.

Sprecher (off): An diesem Tag wurde die Statue nicht verkauft. Beim Einbruch der Dämmerung vertrauten Fausto und Moraldo sie Giudizio an, mit tausend guten Ratschlägen.

Eine Straße mit ärmlichen Häusern und Baracken, im Hafenviertel. Es wird dunkel. Im Hintergrund tauchen Giudizio, Fausto und Moraldo auf. Sie bleiben stehn. Giudizio hält die Zugstangen des Wagens und hört auf das, was Fausto und Moraldo ihm sagen. Dazu nickt er, heftig zustimmend.

Strand. Außen. Tag.

Giudizio sitzt auf einem Sandhaufen. Er hält einen Kanten Brot in der Hand und betrachtet ganz begeistert die Statue, die in der Tür seiner Hütte steht. Neben ihm treiben sich zwei Hunde herum und beschnüffeln den Boden.

Nachdem Giudizio die Statue lange angesehen hat, steht er auf, holt sie und trägt sie an den Strand. Dort stellt er sie auf einen Sandhaufen. Er bestaunt die Wirkung, sieht die Statue liebevoll und bewundernd an und streichelt sie begeistert.

Giudizio (für sich): Der Engel.

Eingang und Korridor des Hauses Rubini. Innen. Nacht.

Wutgeladen kommt Sandras Vater aus dem Treppenhaus in den Korridor und knallt die Tür hinter sich zu, so daß das ganze Haus erdröhnt.

Eßzimmer im Hause Rubini. Innen. Nacht.

Am Tisch sitzen Sandra, ihre Mutter, Fausto und Moraldo. Der Platz am oberen Ende des Tisches ist unbesetzt.

Sandra: Da kommt Papa.

Der fürchterliche Knall läßt die Tischgesellschaft erstarren; die Löffel in der Hand, blicken alle zur Tür, die alsbald von Sandras Vater aufgerissen wird.

Keuchend verharrt Signor Rubini einen Augenblick lang auf der Schwelle, dann schließt er resolut die Tür. Seine wahre Absicht verbergend, geht er im Zimmer herum und sieht ins Leere, um plötzlich, mit einem Satz, auf Moraldo loszuspringen.

Das Manöver mißlingt, denn Moraldo hat blitzschnell reagiert, ist aufgesprungen und läuft ans andere Ende des Tisches.

Der erste Angriff ist verpufft, Signor Rubini ist durch die ganze Länge des Tischs von seinem Sohn getrennt.

Sandras Vater (atemlos, aber bemüht, seiner Stimme einen normalen Ton zu geben): Moraldo, komm her ... Laß dich erwischen, es ist besser für dich!

Fausto, der sich als erster von der Überraschung erholt hat, nimmt sich ein Kotelett, freilich ohne den Blick von Signor Rubini zu wenden.

Moraldo kreist immer noch um den Tisch.

Moraldo (mit dem erschreckten Ausdruck verkannter Unschuld): Wieso, was hab ich denn getan?

Sandras Vater: Dreckskerl! Was du getan hast?! (zeigt auf Moraldo und Fausto) Diebe! Raus aus meinem Haus!

Alle beide!

Sandras Mutter (bestürzt): Was ist denn passiert?

Sandras Vater (mit zornerstickter Stimme): Eine ganze Statue haben sie gestohlen! (schluchzend vor Wut) Mein Sohn ... Und dieser andere Lump da! ... Wie zwei Räuber. Die Karabinieri sind gekommen! (erneut aufschluchzend zeigt er auf Fausto) Und dieser Saukerl ... hat die Frau meines Freundes belästigt ... diese Schande! ...

Fausto läßt ab von seinem Kotelett. Sandra springt auf, zitternd, bricht in Tränen aus und läuft weg.

Fausto ist sitzen geblieben.

Fausto (auftrumpfend): Da hat Ihnen jemand einen Sack voll Lügen erzählt. Ich muß mich wundern, daß ein Mann wie Sie sich so was anhört ... sehr muß ich mich wundern.

Sandras Vater: Auch noch aufmucken!

Fausto steht auf und wirft das Besteck auf den Teller.

Fausto: Aber sicher! Ihr behandelt mich ja wie ein fünfjähriges Kind! Ich bin dreißig, ich!

Mit einer wütenden Bewegung wischt er den Teller vom Tisch und ergreift sein Jackett, das über der Stuhllehne hängt.

Fausto: Behaltet eure Koteletts! Mich seht ihr nicht wieder! Mich seht ihr nie wieder!

Wutschnaubend verläßt er das Zimmer.

Sandras Zimmer. Innen. Nacht.

Das Zimmer liegt im Halbdunkel. Auf dem Bett liegt Sandra. In der Hand hält sie ein zerknülltes Taschentuch; ihre Augen sind rotgeweint. Hinter ihr öffnet sich langsam die Tür, und Moraldo erscheint auf der Schwelle. Er bleibt stehen und betrachtet die schluchzende Schwester, dann geht er zum Bett und setzt sich auf den Rand.

Moraldo (leise): Sandra!

Das Mädchen antwortet nicht. Ihre Schultern werden immer noch von Schluchzern geschüttelt. Moraldo neigt sich über sie.

Moraldo: ... Sandra! ... Es war doch nicht seine Schuld, verstehst du? Sie war es ... Signora Giulia hat ihn provoziert und dann hat sie ihren Mann gegen ihn aufgehetzt ... (Pause) Sandra, hörst du mich?

Sandra schluchzt weiter.
Dann blickt sie auf, mit Tränen in den Augen.

Sandra (mit einem Hoffnungsschimmer): Wirklich?

Moraldo: Ja, sie ... weil Fausto ihr nicht nachgeben wollte.

Sandra: Was?

Noch einmal sieht Sandra Moraldo an.

Moraldo: Weil Fausto sie nicht einmal angesehen hat. Und sie wollten ihm keine Lira geben. Und da dachten wir daran, ihnen eben diese Statue zu nehmen ...

Trotz ihrer Tränen lächelt Sandra schwach.

Sandra: Er hat ihr wirklich nicht nachgegeben?

Moraldo: Ja. Ich schwöre es dir.

Sandra sieht Moraldo an und beginnt, die Tränen zu trocknen.

Sandra (mit ängstlichem Lächeln): Und wo ist er jetzt hingegangen?

Moraldo: Er ist unten, im Garten.

Gärtchen vor Rubinis Haus. Außen. Nacht.

Im Hintergrund des kleinen Hofs, auf einer leeren umgedrehten Kiste, sitzt Fausto in erbittertem Schweigen. Er raucht. Ein Scharren auf dem Kies, Fausto dreht sich um: es ist Sandra.

Sandra: Fausto.

Zärtlich lächelt sie ihm zu. Dann kommt sie näher und bleibt vor ihm stehen.

Fausto: Ich warte nur auf Moraldo, um wegzugehen. Sage Papa, daß er mich nicht mehr sieht ... Ich will niemand zur Last fallen.

Sandra: Fausto, was redest du da! Moraldo hat mir alles erzählt.

Fausto (etwas bestürzt): Alles, was?

Sandra: Ja, *ich* werde es Papa sagen ... daß sie sich dumm benommen hat ...

Fausto: Sprechen wir nicht mehr davon.

Sandra: Nein, sie sollen alles wissen!

Fausto senkt den Blick, Sandras Treuherzigkeit entwaffnet und beschämt ihn. Sandra setzt sich neben ihn und zieht ein Päckchen aus der Tasche.

Sandra: Nimm ... es ist das Kotelett ... du hast ja nichts gegessen.

Fausto, der seine Rührung verbergen will, schaut hinauf zum Himmel.

Fausto (heiser): Hoppla!

Er nimmt ein Stück Pariserbrot.

Sandra (nach einer Pause): Warum habt ihr die Statue genommen? Brauchtest du Geld? ... Du hättest es mir sagen können! Warum hast du dich nicht mir anvertraut?

Fausto, der angefangen hat, an dem Brot herumzukauen, wird nach und nach von Selbstmitleid ergriffen. Mit einem tiefen Seufzer zuckt er die Schultern, während Sandra mit tränenerstickter Stimme weiterspricht.

Sandra (zärtlich): Wir müssen einander alles sagen! ... Wir müssen beieinander bleiben ... es gibt nur uns beide ... Schau, Mama meint es so gut ... aber sie behandelt mich, als sei ich immer noch vier Jahre alt ... Papa, der ist immer so beschäftigt ... was weiß er schon von mir ... Ich hab wirklich nur dich, Fausto!

Sandras Stimme versagt, von ihren Gefühlen überwältigt, beginnt sie wieder zu weinen.

Sandra: Wenn du auch noch fortgehst ...

Rührung schnürt Fausto die Kehle zu. Er umarmt seine Frau.

Fausto: Sandrina ... nicht ...

Linkisch drückt er ihr einen Kuß aufs Haar. Beglückt, trotz ihres Kummers, schmiegt sich Sandra an ihn.

Sandra (haucht): Liebst du mich noch? Liebst du unser Kind?

Fausto (auch seine Augen schwimmen in Tränen): Meine Sandrina ... Sandra! Es ist unser Kind.

Sandra (zitternd): Nun ... bleibst du bei mir?

Fausto (stammelt bewegt): Ja, ja.

Sandra: Dann komm!

Fausto: Nein, nein.

Sandra: Gehn wir ins Haus.

Fausto: Nein, laß nur.

Sandra: Gehn wir zu Papa, komm!

Arm in Arm gehen sie auf das Haus zu.

Sprecher (off): Und so wurde Fausto verziehen, der sich nun in aller Ruhe nach einer neuen Arbeit umzusehen begann.

Billard-Café. Innen. Tag.

Fausto, das Queue in der Hand, versetzt der Kugel einen kräftigen Stoß, so daß alle Kegel umfallen. Rund um den Billard-Tisch stehen Leopoldo, Riccardo, Alberto und Moraldo.

Eßzimmer im Hause Rubini. Innen. Tag.

Sandras Eltern und Tanten, Moraldo, Sandra und Fausto umstehen ein Dienstmädchen, das ein Neugeborenes im Arm trägt.

Sprecher (off): Im übrigen kümmerte sich die Familie etwas weniger um Fausto, nachdem das Kind geboren war... Sehr hübsch... Es glich etwas der Mama, dem Papa, sogar den Großeltern, den Tanten und Moraldo.

Alle schneiden dem Kind lächelnd Grimassen.

Sprecher (off): Sandra war glücklich. Und insgeheim, eines Tages...

Wohnung von Faustos Vater. Innen. Tag.

Sandra, mit dem Kind im Arm, sitzt am Wohnzimmertisch.

Sprecher (off):... ging sie ihren Schwiegervater besuchen, um ihm den kleinen Moraldo zu zeigen.

Vor ihr steht Faustos Vater. Beide betrachten verzückt das Kind. Der Vater wirkt etwas unbeholfen, und dank seiner Verlegenheit sehen wir ihn zum ersten Mal lächeln.

Faustos kleine Schwester: Der Kaffee ist auf dem Feuer.

Faustos Vater: Brav, brav.

Faustos kleine Schwester: Moraldino, warum bist du so dick?

Sandra: Gestern hat er ›blu‹ gesagt, was er wohl damit sagen wollte?

Faustos kleine Schwester ist hinausgegangen und bringt jetzt auf einem Tablett die Kaffeetassen.

Faustos Vater: Und Fausto? Hat er Arbeit gefunden?

Sandra (etwas verlegen): O ja... es scheint schon. Jedenfalls nur eine Frage von Tagen.

Um dem Gespräch eine andere Wendung zu geben, steht Sandra auf.

Sandra: Entschuldigen Sie, Papa, ich gehe in die Küche und sehe nach dem Kaffee.

Auch Faustos Vater erhebt sich.

Faustos Vater: Nein, nein, ich gehe schon.

Sandra: Nein, lassen Sie nur, Papa.

Faustos kleine Schwester: Sandra, gibst du ihn mir ein bißchen auf den Arm?

Sandra: Na schön, wenn du willst. Aber halte ihn gut. Laß ihn nicht fallen!

Sie gibt das Kind Faustos kleiner Schwester, die sich vor Freude und Verantwortung kaum zu rühren wagt und das Kind mit Küssen bedeckt.

Faustos kleine Schwester: Moraldino, lieber Moraldino, gib deiner Tante ein Küßchen.

Faustos Vater, der den Vorgang besorgt beobachtet hat, kommt heran und nimmt dem Mädchen den Säugling aus den Armen.

Faustos Vater (murmelt): Gib ihn auch mal dem Opa.

Faustos kleine Schwester: Nicht doch, Papa. Du weißt ja nicht, wie ihn halten. (lacht) So hält man ihn doch nicht.

Straße vor Moraldos Haus. Außen. Nacht.

Moraldo sitzt auf einer Straßenbank. Die Straße ist still und verlassen. Neben ihm sitzt der Junge vom Bahnhof. Die beiden sehen zu den Sternen hinauf, und Moraldo beantwortet die Fragen des Jungen.

Moraldo: Ah, den da kenn ich nicht.

Der Junge weist auf einen anderen Stern.

Junge: Und der da, der ist von allen am weitesten weg, nicht wahr?

Moraldo: Und er heißt Sirius, ja.

Junge (schaut immer noch begeistert zum Himmel): Und dort wohnen auch Leute, wie bei uns?

Moraldo (kopfschüttelnd): Nein, das glaub ich nicht.

Junge: Möchtest du dort wohnen?

Moraldo: Ah, ich schon!

Junge (lächelnd): Ach, geh!

Moraldo: Doch!

Junge (steht auf): Begleitest du mich?

Moraldo (steht ebenfalls auf): Ja, ich begleite dich.

Beide entfernen sich in Richtung Bahnhof.

Sprecher (off): Die Abende wurden jetzt milder ...

Varieté Bertucci. Innen. Abend.

Allein spaziert Moraldo über die Piazza auf den Brunnen zu. Von weit her hört man eine Glocke schlagen.

Sprecher (off): ... man spürte schon den Frühling.

Varieté Bertucci. Innen. Abend.

Acht Tänzerinnen führen auf der Bühne eine Nummer vor. Begleitet von einem kleinen Orchester – wir kennen es bereits vom Maskenball –, das mit bürokratischer Pedanterie ab Blatt spielt. Die Nummer ist gleich zu Ende.

Das Parkett ist zum Bersten voll. In einer Proszeniums-Loge der ersten Reihe sitzen Alberto, Riccardo, Fausto, Moraldo und Leopoldo.

Das Ballett beendet seine Nummer. Der Vorhang aus schwarzer Seide schließt sich. Rauschender Beifall im Parkett.

In der Loge applaudieren die Vitelloni; Fausto trägt die abgeklärte Miene eines erfahrenen Theaterbesuchers zur Schau.

Die Lichter auf der Bühne werden gedämpft.

Stimme im Lautsprecher (feierlich): Und jetzt, für Sie, ein großer Name und ein großes Herz, der Commendatore[1] Sergio Natali.

Es ertönt ein Trommelwirbel.

Leopoldo in der Loge ist furchtbar aufgeregt.

Leopoldo (raunt): Das ist er ... benehmt euch anständig, bitte ...

Vor dem schwarzen Seidenvorhang, im Lichtkreis des Suchscheinwerfers, ist ein älterer Herr erschienen, groß, dick, mit einem gediegenen schwarzen Anzug und einer grauen Künstlermähne.

1 Ursprünglich Komtur (Ordensritter, vom Präsidenten der Republik verliehener Titel; heute oft als Anrede für irgendwelche Männer in gehobener Position, denen man Ehrerbietung bekunden will, verwendet. Ähnlich verhält es sich mit dem weniger bombastischen ›Dottore‹.

Leopoldo applaudiert begeistert. Das ganze Parkett stimmt in den Applaus ein.

In der tiefen Stille, die darauf folgt, bedankt sich Commendatore Natali, sichtlich bewegt, indem er sich nach rechts, links und zur Mitte zu verbeugt und dann den Blick auf die Galerie richtet.

Alter Schauspieler: Danke ... danke ... danke ...

Er schließt die Augen und kündigt mit vorgestrecktem Arm an ...

Alter Schauspieler: Ich werde »Fantasia di Giovinezza«[1] für Sie rezitieren.

In der Loge wendet sich Leopoldo, vor Aufregung stöhnend, an seine Freunde.

Leopoldo: Er ist wunderbar ... großartig.

Aber Alberto kann sich eine Bemerkung nicht verkneifen.

Alberto: Ist das Natali?!

Leopoldo: Ja.

Alberto (leise): Na hör mal, der ist aber häßlich!

Leopoldo bringt ihn mit einer etwas hysterischen Geste zum Schweigen.

Aus den Kulissen wird ein etwa siebenjähriger Junge herausgeschubst. Er bleibt in einigem Abstand vom Schauspieler stehen und fragt mit schrillem Stimmchen ...

Junge: Papa?

Der alte Schauspieler geht zu dem Jungen, streicht ihm über das Haar, mit gespielter innerer Bewegung.

Alter Schauspieler (deklamiert): Knäblein, dein Papa ist bereits heimgekehrt. Er ist hier, bei uns, verborgen in der Menge. Er sieht dich an, lächelt dir zu, hat dich liebkost. Doch du, Knäblein, du fühlest nichts.

Junge: Warum, Großvater?

Alter Schauspieler: Weil du unschuldig bist. Frühlings ging Vater fort. So wie einst Großvater gegangen, als Leutnant, mit Blumen, Liedern und dem Banner! (singt leise) »Suona fanfara mia, suona fanfara ...«[2]

Während der alte Schauspieler lauter werdend weitersingt, ertönen aus dem Orchestergraben Trommelschläge, die den Marschschritt der Soldaten versinnbildlichen.

Ein Schauder der Ergriffenheit geht durchs Parkett.

1 Jugendträumerei
2 »Schmettere Fanfare mein, schmettere Fanfare«

Vornübergebeugt verfolgt Leopoldo das Geschehen, die Augen drohen ihm aus dem Kopf zu fallen.

Sprecher (off): Diesen Abend hat Leopoldo seit langem ersehnt. Der große Schauspieler hat seine Komödie gelesen und erwartet ihn am Ende des Schauspiels in seiner Garderobe.

(Überblendung)

Auf der Bühne sind jetzt wieder, mit nackten Beinen, die Tänzerinnen erschienen. Auf dem Kopf tragen sie eine Militärmütze und an der Seite einen Säbel. Im Marschschritt defilieren sie über den Laufsteg, während der alte Schauspieler in Achtungsstellung verharrt, immer noch singend.

Alter Schauspieler: ... passa la gioventú, passa l'a-moree!!![1]

Plötzlich bläst die Trompete im Orchester das Signal ›Achtung‹, und hinten beim Vorhang, wo sich mittlerweile die Tänzerinnen aufgestellt haben, erscheint die Soubrette, dürftig als ›Italia‹ verkleidet: auf dem Kopf eine turmbewehrte Mauerkrone aus Pappe, als Mantel einen durchsichtigen Schleier. Die Haare fallen ihr auf die Schultern.

Ihr Auftritt wird mit donnerndem Applaus begrüßt.

Die Vitelloni in ihrer Loge beugen sich vor, um besser zu sehen.

Alberto und Riccardo wechseln bewundernde Kennerblicke.

Die Soubrette öffnet die Arme, als wolle sie das ganze Publikum umarmen.

Soubrette (singt): Vola, colomba bianca, vola ...

Tänzerinnen (im Chor): diglielo tu, che tornerò ...

Soubrette: dille che non sarà più sola ...

Tänzerinnen: ... e che mai più la lascerò.[2]

Die Darsteller stehen jetzt alle an der Rampe.

Das Schlagzeug gibt vier Schläge vor, und das Orchester setzt zum Finale an.

Chor: Faville d'amor / Faville del cuor / Voi siete la voluttà / Faville d'amor / Faville del cuor / Voi siete la fe-li-ci-tà![3]

Im Off hört man wieder den Sprecher.

1 »Vergeht die Jugend, vergeht die Liebe«

2 »Flieg, weiße Taube, flieg; sag du ihr, ich komme zurück; sag, sie wird nicht mehr allein sein; und nie mehr laß ich sie zurück.«

3 »Funken der Liebe, Funken des Herzens, ihr seid die Lust; Funken der Liebe, Funken des Herzens, ihr seid die Glückseligkeit.«

Bühne. Innen. Nacht.

Sprecher (off): Die große Stunde ist gekommen ... Zwischen schwankenden Versatzstücken, die von den Bühnenarbeitern weggebracht werden, läuft Leopoldo wie im Traum dahin, gefolgt von seinen vier Freunden.

Leopoldo, dem seine Freunde weiterhin folgen, geht einen Korridor entlang, er ist furchtbar aufgeregt.

Plötzlich erscheint in einer Tür, die nur durch einen zerschlissenen Vorhang verdeckt ist, Commendatore Natali, bereits teilweise abgeschminkt und in einen weiten, geflickten Morgenmantel gehüllt. In der Hand hält er eine Kerze.

Alter Schauspieler (mit tiefer, herzlicher Stimme): Ah, Sie sind es, und in Begleitung. Bitte, bitte, nehmen Sie Platz. Bitte, bitte, machen Sie sich's bequem. (laut) Bringt Stühle!

Etwas linkisch und verlegen kommen die jungen Leute näher.

Riccardo und Alberto: Machen Sie keine Umstände ... wir stehen gern.

Alter Schauspieler: Entschuldigen Sie die Kerze, aber in diesen Provinz-Schmierentheatern werden alle elektrischen Birnen gestohlen.

Leopoldo: Tja, ich weiß, Commendatore, machen Sie sich keine Mühe.

Alter Schauspieler (bietet Zigaretten an): Darf ich Ihnen eine Zigarette anbieten? Es sind ›Nazionali‹ ... denn ... für die Stimme sind die amerikanischen äußerst gefährlich ...

Er hält den jungen Leuten das Zigarettenpäckchen hin, und während sich die andern Zigaretten nehmen und sie anzünden, sagt Leopoldo, dem Freude und Bewegung die Kehle zuschnüren ...

Leopoldo: Commendatore, ich bin ein großer Bewunderer von Ihnen.

Riccardo: Ich habe Sie in einem Film gesehn: ›Die beiden Foscari‹.

Alter Schauspieler: Ah, ja! Aber wissen Sie, beim Montieren hat man das Meiste herausgeschnitten. Bitte, meine Herren, nehmen Sie einen Augenblick Platz. Ich werde mich inzwischen, wenn Sie gestatten, ganz abschminken.

Leopoldo setzt sich.

Leopoldo: Das erste Mal habe ich Sie gesehen ... in

Bologna ... 1943 ... ein unvergeßlicher Abend ... Sie haben mir Ibsen offenbart.

Alter Schauspieler (bitter sinnierend): Oh, Ibsen, alte Zeiten! Und doch, mir scheint, als sei's erst gestern gewesen. Lieber Freund ... Leiter einer Theatertruppe zu sein, ist eine gar zu große Belastung ... Sie sehen mich hier in einer Zeit der Ruhe, die ich geradezu als Ferien bezeichnen möchte ... eine Übergangszeit. Denn ich bin dabei, für das nächste Jahr ein außergewöhnliches Ensemble zusammenzustellen. Denken Sie nur: ich werde die Ferrari haben und vielleicht Gassman.

Man hört das Lachen einer Frau, und während der alte Schauspieler im Off weiterspricht, erscheint im Eingang einer benachbarten Garderobe eine Tänzerin, die den schönen Fausto mit Kennerblick mustert.

Leopoldo stößt einen Seufzer der Begeisterung aus.

Leopoldo (zu Alberto): Hast du gehört? Die Ferrari und Gassman bekommt der Commendatore.

Alter Schauspieler: Und ich möchte neue Arbeiten vorstellen ... von Jungen ... wegen der Förderung, aber auch weil der Kampf mich lockt. Übrigens, ich habe Ihr Werk gelesen. Gott ja, überflogen hab ich es, denn, Sie verstehen, ich bin immer so beschäftigt. Das Theater ist ein Tyrann, aber ...

Der Schauspieler fixiert Leopoldo, der auf eine Antwort wartet, dann nickt der Alte ernst und bieder.

... da ist was, da ist was ...

Leopoldo (steht langsam auf, schluckt mühsam): Wirklich ... hat es Ihnen gefallen?

Alter Schauspieler (ernst): Es hat das da (er tippt sich an die Stirn) aber auch das da ... (er zeigt auf sein Herz)

Leopoldo: Commendatore!

Leopoldo lächelt, nach Atem ringend, die Woge des Glücks droht über ihm zusammenzuschlagen, stumpf starrt er seine Freunde an.

Restaurant. Innen. Nacht.

Die Gaststube ist menschenleer bis auf den einen Tisch, der von Leopoldo, Riccardo, Fausto, Alberto und Moraldo besetzt ist. An seinem Kopfende sitzt der alte Schauspieler und ißt. Unter seinen Augen und in den Augenbrauen sind noch Spuren des Schminkstifts sichtbar. Leopoldo liest mit vergeistigtem Blick aus seinem Manuskript vor, seine Stimme und seine Gesten wirken ungewöhnlich kraftvoll: er selbst wird fortgerissen von den dichterischen Fluten, die er mit seinem Werk entfesselt zu haben glaubt.

Leopoldos Freunde sitzen um den Tisch herum, jedoch ohne zu essen. Alberto hat ein Stück Torte vor sich, die anderen ein Gläschen Likör oder einen Kaffee.

Der alte Schauspieler hört den Textpassagen zu, die Leopoldo vorträgt, ißt herzhaft, nickt beifällig, und läßt sich von den jungen Leuten bald das Brot, bald den Wein, bald das Salz reichen.

Leopoldo (liest aus seinem Manuskript): »Roberto: Ich bin ein Kind dieser Zeit, ich habe keine Götter mehr auf meinen Altären. Ich weiß nicht, kannst du mich verstehn, Frieda?

Frieda: Ich glaube zu verstehen, Roberto, daß dein Hochmut dich verzehrt.

Roberto (lacht): Ha, ha, ha ... Was mag Hochmut noch verzehren in einer ausgebrannten Seele?!

Frieda: Oh, Blinder! Nur die Angst kann dich noch retten!«

Alter Schauspieler (wiederholt): Oh, Blinder! Nur die Angst kann dich noch retten!

Leopoldo (zum alten Schauspieler): Wundervoll! Aber das ist ein Satz von Frieda ... (liest weiter) »Frieda: ... hörst du in der Stille deiner Wüste nicht eine Stimme, die dich ruft, gerade dich?

Roberto (ironisch): Deine Stimme, Frieda?

Frieda: Nein, die Stimme Gottes!«

Leopoldo deklamiert diesen letzten Satz und läßt das Blatt aus seiner Hand fallen.

Leopoldo: So endet der zweite Akt.

Riccardo: Sehr schön, nicht?

Moraldo: Schön, wie? Ist es nicht schön?

Leopoldo ergreift den Rest des Manuskripts.

Leopoldo: Kann ich mit dem dritten Akt beginnen?

Alter Schauspieler: Fahren Sie fort!

Leopoldo: Dritter Akt, erste Szene ...

Leopoldos Vortrag wird von Frauengelächter unterbrochen.

Alle blicken zur Tür, durch die, hell auflachend, die Soubrette eingetreten ist, gefolgt von zwei Tänzerinnen.

Im Durchzug beginnen die Tischtücher zu flattern. Das Erscheinen der Soubrette hat den Schauspieler sichtlich verärgert.

Alter Schauspieler: Bitte, die Tür ...

Eine der Tänzerinnen schließt die Tür. Immer noch lachend hat die Soubrette einen Blick geworfen auf den Tisch unserer Freunde und setzt sich an den Nebentisch.

Leopoldo ist aus dem Konzept gebracht, ihm schaudert beim Gedanken, daß dieser Zwischenfall die weitere Lektüre seines Manuskripts verunmöglichen könnte.

Leopoldo: Darf ich anfangen? Dritter Akt.

Soubrette (off): (Lachen) ... Kellner!

Der Kellner eilt zum Tisch der Damen.

Soubrette (zum alten Schauspieler): Guten Abend, Natali.

Alter Schauspieler (zur Soubrette): Guten Abend ... (zu Leopoldo) vorwärts, lesen Sie!

Leopoldo faßt wieder Mut und beginnt weiterzulesen.

Leopoldo (lesend): »Die Szene ist dieselbe wie im ersten Akt. Roberto sitzt vor dem Kamin und schaut in die lustig züngelnden Flammen.

Frieda steht am großen Fenster und starrt hinaus auf den Sonnenuntergang, der die Dünen vergoldet. Das Kreischen der Möwen, vom Wind getragen, schlägt an unser Ohr. Als sei sie von einem plötzlichen Kälteschauer erfaßt, wendet Frieda sich um. Sie ist müde, gealtert.«

Fausto, Alberto, Riccardo und Moraldo schauen zu der Soubrette und den beiden Tänzerinnen hinüber.

Fausto lächelt der Soubrette zu, die ihm auflachend mit einem schmachtenden Blick antwortet.

(Während Leopoldos Dichterlesung hört man immer wieder das Lachen der Soubrette, ihre Bestellungen und die Antworten des Kellners.)

Moraldo hat das Techtelmechtel bemerkt und wird, seiner gehobenen Laune zum Trotz, einen Augenblick lang ernst.

Leopoldo blickt kurz auf von seinem Manuskript und schaut den Schauspieler an. Dieser starrt mit ernster Miene vor sich hin und ißt Karamelcreme.

Leopoldo: »Sie tritt zu Roberto. Frieda: Heute abend wird für uns kein Mond mehr scheinen.«

(Überblendung)

Eine halbe Stunde später. Alberto, Fausto, Riccardo und Moraldo haben sich mittlerweile zu der Soubrette und den Tänzerinnen an den Tisch gesetzt. Alberto steht, das Glas in der Hand, und imitiert Amedeo Nazzari.[1]

Alberto: Ich liebe den Wein. Und wer nicht mit mir trinkt, den hole die Pest.

Großes Gelächter.

Die Soubrette hantiert auf suggestiv-obszöne Weise mit einer geschälten Banane und steckt sie Fausto in den Mund.

Tänzerin (zu Alberto): Können Sie auch Gary Cooper imitieren?

Riccardo (ruft): Alberto, mach die Säge, mach die Säge,[2] Alberto!

Alberto: Die Säge machen kann ich gut. Ihr müßt aber die Augen zumachen.

Riccardo: Seid still und hört zu.

Alberto legt einen Arm quer über den anderen und imitiert damit die Bewegungen eines Sägeblattes. Mit dem Mund bringt er entsprechend zischende Geräusche hervor.

Auch diese Vorführung wird allgemein mit lautem Gelächter quittiert. Den Tänzerinnen macht es viel Spaß. Eine von ihnen steht auf und hängt sich ein Tischtuch über den Kopf.

Tänzerin (geziert): Jetzt imitiere ich jemanden: meine Großmutter!

Alberto geht sofort auf sie los und umschlingt sie mit einem Arm.

Alberto: Mein schönes Großmütterchen, jetzt laß ich dich nicht mehr los.

Eine dritte Tänzerin, die sichtlich fasziniert ist von Moraldo, streichelt ihm den Kopf.

Tänzerin (mit einem Zahnstocher im Mund): Und du, kannst niemand nachmachen? Was ist mit dir? Du bist so ernst ...

Dann wendet sie sich ihrer Freundin zu.

Tänzerin: Weißt du, mir gefällt dieser kleine Dunkle. (begeistert) Er ist so ein feiner ...

Soubrette (off): Stimmt, ist wahr.

Nun wird die Aufmerksamkeit der Gruppe von Leopoldos

1 Italienischer Schauspieler; vier Jahr später, in ›Die Nächte der Cabiria‹ (1957), ließ Fellini ihn den ›Star‹ schlechthin spielen.

2 ›fare la sega‹ – wie das deutsche ›hobeln‹ – wird auch gebraucht im Sinne von ›masturbieren‹.

Stimme angezogen, der immer noch am Tisch des alten Schauspielers sitzt und eine Schlüsselstelle seiner Komödie deklamiert.

Leopoldo (feurig): »Auch das Verbrechen! Nichts mehr vermag mich zu schrecken! Und dennoch, ich erinnere mich ...«

Leopoldos Freunde und die Tänzerinnen brechen unverschämt in wieherndes Gelächter aus.

Fausto flüstert der Soubrette etwas ins Ohr, Moraldo betrachtet ihn mißbilligend. Riccardo ist unterdessen aufgestanden und verkündet ...

Riccardo (off): He, Freunde, hier gibt's ein Radio, ich schalt mal ein!

Faustos Bemerkung hat die Soubrette zum Lachen gebracht.

Soubrette (mit neapolitanischem Akzent): Na, na, na – sowas sagt man doch nicht (lacht).

Aus dem Radio ertönt Tanzmusik. Fausto nimmt die Soubrette bei der Hand und fordert sie zum Tanzen auf.

Er drückt das Mädchen an sich und blinzelt Moraldo komplizenhaft zu. Moraldo bleibt ernst und senkt etwas traurig und unbehaglich den Blick. Der Schauspieler an seinem Tisch ist verärgert über den Lärm, den die Burschen und die Tänzerinnen verursachen. Er steht plötzlich auf, ergreift seinen Mantel und geht zur Tür. Leopoldo folgt ihm besorgt und hastig. Als er bei der Türe angekommen ist, sieht ihn Alberto.

Alberto: Leopoldo, wo gehst du hin?

Leopoldo (aufgeregt): Später, später! Ich erzähl es euch später. Er hat einen dichterischen Einfall gehabt ... Eine wundervolle künstlerische Idee.

Er geht hinaus.

Straße vor dem Restaurant. Außen. Nacht.

Die Nacht ist dunkel und windig. Über den Asphalt zuckt der Lichtschein der schwankenden Straßenlaternen.

Mit der Nase in der Luft atmet der alte Schauspieler tief ein.

Alter Schauspieler: Seewind ... Nachtwind!

Entschlossen geht er weg, gefolgt von Leopoldo, der an seiner Seite läuft.

Alter Schauspieler: Ihre Freunde haben mich enttäuscht. Wer die Kunst nicht liebt, liebt das Leben nicht ... (Pause)

Geht man hier entlang zum Meer?

Leopoldo: Ja, Commendatore.

Alter Schauspieler (stehen bleibend): Duzen wir uns doch, mein Lieber ... Unter Künstlern ... (er nimmt seinen Weg wieder auf) Deine Frieda ist ein scharf umrissener Charakter ... sehr gut für die Ferrari ... ausgezeichnet! Ich werde ihr noch heute abend schreiben, und sie wird bestimmt annehmen. Wenn der dritte Akt so ist, wie die beiden, die du mir vorgelesen hast ... dann haben wir einen Trumpf in der Hand, mein Junge ... Wie heißt du?

Leopoldo: Leopoldo, Commendatore.

Alter Schauspieler (feierlich): Leopoldo! In zwei Monaten wirst du nach Mailand kommen müssen.

Von plötzlicher Erregung überwältigt bleibt Leopoldo stehn.

Leopoldo: Wirklich, Commendatore? Sagen Sie das im Ernst?

Alter Schauspieler: Nenn mich doch Sergio!

Leopoldo (zitternd, mit erstickter Stimme): Commendatore, meinen Sie das wirklich ernst?!

Alter Schauspieler: Gehen wir, Leopoldo. Vorwärts! Um den dritten Akt zu lesen ...

Sich gegen den Wind anstemmend, gehen die beiden Männer mit gesenktem Kopf weiter. Der Schauspieler hält seinen Hut mit der Hand fest.

Leopoldo: Commendatore, Sie wissen nicht ... du weißt nicht ... was das für mich bedeutet, was du zu mir gesagt hast ... Ich war nahe daran, alles aufzugeben ... Meine Jugendträume und meine Hoffnungen.

Alter Schauspieler: Zum Meer, zum Strand! Wie kommen wir da hin?

Leopoldo: Weißt du, es ist hart, unverstanden in dieser stumpfen Provinz zu leben, die sich jeder Kunstäußerung und jeder Stimme verschließt ... Du bist allein ... Im Grunde verstehen dich auch die Freunde nicht. Sie haben mehr materielle Interessen ... Unwesentliches ... Frauen ... Geld ... Der Winter nimmt kein Ende. Na bitte, um Mitternacht ist jedes Licht erloschen. Wie soll ein Künstler da noch seine Dämone hegen können ... und leben ... Und so vergehen die Jahre, und eines Morgens erwachst du ... du warst ein Junge und bist es nicht mehr ...

Der alte Schauspieler hat sich im Gehen Leopoldos Tirade angehört, ohne sich umzudrehen. Er beginnt jetzt, leise zu pfeifen.

Alter Schauspieler: (pfeift die Melodie von Vola Colomba)

Ein stärkerer Windstoß weht Leopoldo den Hut fort. Er läuft ihm atemlos nach und redet dabei weiter. Schließlich erwischt er ihn.

Leopoldo: Ach, aber jetzt ... jetzt ist es vorbei! Ich habe es gefühlt, daß ich nicht nachlassen darf. In zwei Monaten komme ich nach Mailand ... oder wohin du willst.

Der alte Schauspieler ist weitergelaufen.

Leopoldo ruft ihn, holt ihn ein und hakt ihn unter, dann geht es weiter, dem Strand zu.

Leopoldo: Sergio! Sergio!

Uferpartie mit Mole. Außen. Nacht.

Leopoldo und der Schauspieler stehen nebeneinander auf der Strandpromenade. Nach kurzem Schweigen sagt der Alte, starr vor sich hin starrend ...

Alter Schauspieler: Da, das Meer! Und das da drüben, ist das die Mole?

Leopoldo (schlägt den Kragen hoch): Ja!

Alter Schauspieler (ungeduldig): Du mußt mir den vierten Akt vorlesen. Gehen wir ...

Gefolgt von Leopoldo, geht der Schauspieler auf die Mole zu.

Leopoldo ist etwas verwirrt. Er drückt sein Manuskript an die Brust.

Leopoldo: Commendatore, äh, Sergio, na ... wohin willst du denn?

Alter Schauspieler: Dort finden wir schon einen Platz.

Leopoldo: Aber dort ist es dunkel ... Commendatore ...

Aber dieser ist bereits weitergegangen. Man hört nur das Pfeifen des Windes und das Rauschen der Brandung.

Von dumpfer Unruhe erfaßt, bleibt Leopoldo stehen.

Der Schauspieler dreht sich nach Leopoldo um; ein eisiges Lächeln stiehlt sich verräterisch auf seine blutleeren Lippen.

Die beiden Männer stehen sich schweigend gegenüber, dann ...

Alter Schauspieler: Komm! Komm!

Der Schauspieler lächelt immer noch sein gräßliches Lächeln.

Alter Schauspieler: Ich mache dir doch nicht Angst ...?

Leopoldo, der wie angewurzelt stehengeblieben ist, beginnt langsam rückwärts zu gehen.

Der hinterhältige Ton des alten Schauspielers läßt Leopoldo jäh wieder zu sich kommen. Sein Manuskript an die Brust drückend, läuft er rasch davon. Der alte Schauspieler ruft ihm nach.

Alter Schauspieler: Poldo! Poldo! Wo gehst du hin? Ich hab doch nur Spaß gemacht. Komm her. Poldo! Ha, ha, ha, ha ...

Leopoldo antwortet nicht. Er sieht im Dunkeln, vom Wind umheult, die tragisch-groteske Gestalt des alten Schauspielers unbeweglich dastehen.

Bitterkeit und unendlicher Abscheu schnüren ihm die Kehle zu, ihm wird eiskalt ums Herz. Mit einem Ruck wendet er sich um und läuft den Wohnvierteln zu.

Hotelzimmer. Innen. Nacht.

Das verschlafene Gesicht der Soubrette taucht aus dem Kissen auf. Mit halbgeschlossenen Augen hält sie Fausto, der sich über sie beugt, ihre Lippen hin für einen Abschiedskuß.

Fausto: Ciao.

Soubrette (verschlafen): Ciao Baby. Setz den Hut auf. Erkälte dich nicht.

Fausto (leise): Morgen komm ich zum Bahnhof, um mich von dir zu verabschieden. Ciao.

Die Soubrette fällt verschlafen wieder aufs Bett zurück. Im Halbdunkel durchquert Fausto das Zimmer, öffnet die Tür, die zum Korridor hinausführt, und geht.

Hotel und Piazza. Außen. Nacht.

Drei Glockenschläge hallen über die verlassene, vom Wind gepeitschte Piazza. Beim Brunnen steht Moraldo, unbeweglich, den Blick aufs Hotel gerichtet. Er hat den Mantelkragen hochgeschlagen.

Aus der Glastüre des Hotels tritt Fausto. Er kommt auf die Piazza hinaus. Moraldo löst sich aus dem Schatten des Brunnens. Bei seinem Anblick bleibt Fausto überrascht stehen.

Fausto: Was machst du denn hier?

Moraldo: Ich hab auf dich gewartet.

Fausto: Ah, nett von dir, danke!

Moraldo: Ich denke, es ist besser, wenn wir zusammen nach Hause kommen.

Fausto: Sicher.

Eine Zeitlang gehen sie schweigend nebeneinander her. Moraldos seltsames Verhalten erfüllt Fausto mit Unbehagen. Er versucht, das Gefühl zu überspielen.

Fausto: Was für eine Frau! Weißt du, was sie mir gesagt hat? Wenn ich singen könnte, würde sie mich engagieren. Das ist wirklich kein schlechtes Leben, weißt du. Man reist, man amüsiert sich, ist frei, hat keine Sorgen ... ist immer unter Frauen ... (er fängt zu tanzen an und singt) »Ah, wie schön war es doch früher ...«

Moraldo sieht ihn vorwurfsvoll an, und Fausto hält plötzlich inne.

Fausto: Und du?

Moraldo (ohne ihn anzusehn): Ich? ... Nichts! Ich nichts.

Fausto: Warum nicht? Sie war doch wirklich nicht häßlich! (etwas ärgerlich) Was hast du denn?

Moraldo: Nichts. Ich dachte ...

Fausto: An was?

Moraldo: An Sandra.

Er entfernt sich mit gesenktem Kopf, Fausto folgt ihm.

Fausto: Ach so. Deswegen hast du auf mich gewartet, wie? Hör mal, antworte! ...

Moraldo antwortet nicht und geht weiter mit gesenktem Kopf.

Treppe im Hause Rubini. Innen. Nacht.

Moraldo und Fausto steigen auf Zehenspitzen die Treppe hinauf. Fausto macht ein düsteres Gesicht. Er bleibt stehen, um sich halblaut von Moraldo zu verabschieden.

Fausto: Gute Nacht.

Moraldo (leise): Wisch dich ab! Du bist voller Lippenstift ...

Fausto nimmt schnell sein Taschentuch und wischt sich die eine Wange.

Moraldo: Auf der andern Seite.

Fausto wischt sich die andere Wange. Moraldo wartet nicht darauf, daß Fausto sich bedankt, und geht in sein Zimmer. Fausto schaut ihm einen Augenblick nach, dann öffnet er die Tür seines Zimmers und tritt auf Zehenspitzen ein.

Zimmer von Fausto und Sandra. Innen. Nacht.

Das Zimmer ist dunkel.

Sandra liegt im Bett, neben sich das Kind; ihre Augen sind weit aufgerissen. In der Dunkelheit hat Fausto nicht gesehen, daß seine Frau wach ist. Er bleibt vor dem Spiegel stehen, feuchtet sein Taschentuch mit Spucke an und reibt sich damit noch einmal kräftig die Wange.

Als er seine Jacke ausziehen will, bemerkt er, daß Sandra ihn unverwandt ansieht. Überrascht und bestürzt fährt Fausto leicht zusammen.

Fausto: Ah, Sandra ... (er stockt; mit einem schiefen Lächeln) schläfst du nicht?

Um die Peinlichkeit der Szene zu unterbrechen, beugt er sich lächelnd über das Kind und blubbert lustig.

Fausto (schnell plappernd): Schau dieses Mäulchen! Das hübsche Dickerchen ...

Er streckt eine Hand aus, um den Kopf des Kindes zu streicheln. Die wuterstickte Stimme von Sandra läßt ihn innehalten.

Sandra: Rühr ihn nicht an!

Fausto (überrascht): Warum?

Verlegen zieht Fausto die Hand zurück, während Sandra, vom Kummer überwältigt, sich auf die andere Seite wirft und leise zu schluchzen beginnt. Einen Augenblick lang hofft Fausto, daß das Weinen aufhören wird, aber dann sieht er ein, daß er sich selbst aus der Affäre ziehen muß.

Fausto (aus allen Wolken fallend): Was machst du denn? Weinst du?

Sandra beißt sich auf die Lippen, um den Tränenstrom zu unterbrechen, und fleht verzweifelt ...

Sandra: Geh weg, weg von hier! Geh, geh fort!

Fausto setzt sich auf das Bett und beugt sich über seine Frau. Er versucht, ihre Schulter zu streicheln und seiner Stimme einen bekümmerten, überraschten Ton zu geben.

Fausto: Sandrina! Hör mal, Sandra! Schau, du weckst ja das Kind auf.

Sandra schluchzt weiter und gibt keine Antwort.

Fausto: Sandrina!

Keine Antwort.

Fausto (in schmerzlichem, jedoch entschlossenem Ton): Nun sag mir bloß, was ich dir angetan habe.

Ein noch heftigeres Schluchzen ist die Antwort auf die letzte Frage. Es ist ein langes, verzweifeltes Schluchzen, von dem Sandra durch und durch geschüttelt wird und das Fausto vollends aus der Fassung bringt.

Moraldos Zimmer. Innen. Nacht.

Moraldo ist noch halb angezogen, sitzt auf dem Bett. Dann steht er auf und geht zur Wand, die die beiden Zimmer trennt. Bleich und angespannt hört er das Weinen Sandras.

Zimmer von Sandra und Fausto. Innen. Nacht.

Zwei Stunden später. In der Ferne kräht ein Hahn. Das Zimmer ist jetzt von einem schwachen Licht erhellt, das durch die geschlossenen Fensterläden dringt. Sandra hat sich auf ihrem Kissen aufgerichtet, ihr Gesicht ist verweint, unbeweglich betrachtet sie den schlafenden Fausto. Er liegt auf dem Rücken, die nackten Arme über dem Kopf, ruhig hebt und senkt sich seine breite Brust.

Straße vor Sandras Haus. Außen. Morgendämmerung.

Das Haustor der Rubinis öffnet sich. Verstohlen kommt Sandra heraus, in ihren Armen hält sie das Kind, in eine Decke gehüllt.

Sprecher (off): An diesem Tag verließ Sandra früh morgens das Haus, ohne irgend jemandem irgend etwas zu sagen ...

Sandra wirft einen prüfenden Blick auf die verlassene Straße und läuft den Wänden entlang davon.

In der Nähe des Gehsteigs fegt ein Straßenkehrer fröstelnd die Straße. Sandra biegt um eine Ecke und ist verschwunden.

Sprecher (off): ... und war am Mittag noch nicht zurück.

Piazza mit Brunnen. Außen. Tag.

Aus dem Innern eines fahrenden Autos sieht man Fausto und Leopoldo, die vor dem Brunnen auf der Piazza warten.

Leopoldo: Da ist Riccardo mit dem Wagen seines Vaters.

Der Wagen fährt bis dicht zum Brunnen und hält an.

Leopoldo: Salve, Riccardo. Addio, Alberto. (die beiden erwidern den Gruß) Komm Fausto, steig ein.

Wagen. Innen. Tag.

Der Wagen hält. Leopoldo und Fausto steigen ein.

Fausto versucht vergeblich zu verbergen, wie gespannt und besorgt er ist. Alberto macht ihm Platz.

Riccardo (zu Fausto): Moraldo ist bei der Rossi nachfragen gegangen, der Lehrerin von Sandra ... in der Schule ... nach alldem könnte sie dorthin gegangen sein ...

Der Wagen fährt an.

Leopoldo: Ja, das stimmt, Fausto, ich glaube auch, daß sie dort sein könnte.

Riccardo (den Wagen steuernd): Dann fahren wir also zuerst in die Schule und nachher zur Amme.

Leopoldo: Ja.

Riccardo: Wieviel Kilometer sind's bis zur Amme? Weil ... wegen des Benzins ...

Der Wagen fährt weiter. Fausto starrt gespannt auf die Straße. Alberto, der ihn schon seit einiger Zeit beobachtet hat, entschließt sich, ihn zu fragen.

Alberto (zu Fausto): Fausto ... was ist denn passiert? Habt ihr gestritten? Wie?

Fausto antwortet nicht.

Fausto: Da ist Moraldo.

Aus dem fahrenden Wagen sieht man Moraldo vor dem Portal eines mittelalterlichen Gebäudes stehen. Neben ihm eine ältere schwarzgekleidete Frau, einen Mantel über die Schultern gehängt.

Der Wagen bleibt vor den beiden stehen.

Riccardo: Und?

Moraldo (ernst): Nichts. Sie hat sie nicht gesehn.

Die vier Freunde, die diese Antwort bereits erwartet haben, schweigen.

Die Lehrerin wirft einen schrägen Blick in den Wagen und entdeckt Fausto.

Fausto: Steig ein. Wir sehen mal bei der Amme nach.

Moraldo vermeidet es, Fausto anzusehn.

Moraldo: Fahrt ihr nur ... ich suche allein.

Ohne eine Antwort abzuwarten, entfernt er sich.

Lehrerin (ängstlich): Aber ... was ist passiert?

Fausto: Nichts, Signora.

Er schlägt den Wagenschlag zu.

Riccardo (ruft): Moraldo, Moraldo!

Fausto (hart): Laß ihn gehen! Los, fahren wir!

Der Wagen fährt wieder an. Langes Schweigen. Dann wendet sich Alberto mit ernster Miene an Leopoldo ...

Alberto (halblaut): Sag mal, Leopoldo, bevor wir aus der Stadt hinausfahren ...

Leopoldo: Was?

Alberto: Könnten wir nicht etwas essen, bevor wir aus der Stadt heraus sind?

Leopoldo versucht, auf diese Taktlosigkeit nicht einzugehen.

Leopoldo: Nein ... später! Weißt du, Fausto, ich habe das Gefühl, daß wir sie bei der Amme finden. Es ist richtig, daß sie zur Amme geht ... Sie ist hingegangen, um ihr das Kind zu zeigen. Das ist es.

Alberto: Klar! Ich bin auch davon überzeugt. Sie wollte

ihr das Kind zeigen. (nach einer kurzen Pause zu Fausto) Hast du etwas gegessen, bevor du von zu Hause weggegangen bist? Nichts?

Fausto (besorgt): Nein, ich habe keinen Hunger.

Alberto: Ein Brötchen ...

Fausto: Ich habe keinen Hunger.

Alberto: Nichts!

Der Wagen fährt auf das offene Land hinaus.

Freies Feld. Außen. Tag.

Ein wunderschöner Tag im Vorfrühling. Der Wagen hält vor einem kleineren Bauernhaus.

Alberto (lehnt sich aus dem Fenster, schreit): Heda!

Etwa dreißig Meter weit entfernt arbeitet ein Mann auf einem Acker. Er hebt den Kopf.

Alberto (ruft): Wo ist Casaletto?

Mann (ruft): Hinter dem Hügel.

Alberto (ruft): Danke! (nach einer Pause) Haben Sie ein Glas Milch?

Mann (ruft): Nein, wir haben schon abgeliefert. (Pause) Wein ist da.

Alberto zögert, macht dann eine verneinende Geste, schaut sich um und atmet genüßlich die reine Luft ein. Der Wagen fährt wieder weiter.

Wagen. Innen. Tag.

Alberto zieht den Kopf wieder herein. Er wendet sich an Fausto und Leopoldo.

Alberto: Es stimmt eben doch, daß es auf dem Land schön ist, was? ...

Leopoldo: Ja, das Land ... ist einmalig. Hier möchte ich meine Tage beschließen.

Alberto (versucht, witzig zu sein): Du wirst schon noch hier enden ... mit der Hacke in der Hand ...

Leopoldo geht auf den Scherz ein, lächelt und nimmt einen Zug aus seiner Zigarette.

Riccardo: Ich dagegen verabscheue das Land. New York, London ... sogar Bologna ...

Fausto (ernst): Kannst du nicht etwas schneller fahren?

Der Wagen fährt schneller.

Straßengabelung. Außen. Tag.

Der Wagen kommt auf den Zuschauer zugefahren und bleibt stehen. Riccardo und Alberto steigen aus.

Riccardo: Wo müssen wir abbiegen?

Alberto (deutet ins Off): Es muß da drüben sein. Wart mal, wir fragen.

Auch Leopoldo steigt aus und geht hinter einen dicken Baum, offensichtlich um zu pinkeln.

Auch Fausto ist ausgestiegen und biegt langsam in einen der beiden Wege ein.

Alberto nimmt einen Erdklumpen vom Rand eines Grabens auf und wirft ihn kräftig gegen den Baum, hinter welchem Leopoldo verschwunden ist. Dann tut er so, als sehe er sich die Landschaft an. Hinter dem Baum erscheint das bestürzte Gesicht von Leopoldo.

Leopoldo: Was sind das für Scherze! Wenn du mich getroffen hättest?!

Alberto (spielt den Unschuldsengel): Was schaust du mich an? (er zeigt auf Riccardo)

Die Ruhe der Landschaft ist bezaubernd. In den Zweigen eines Baumes singt ein Vogel.

Riccardo (lauschend): Pst, still. (Pause) Hört mal den Wiesenpieper.

Alberto hört dem Gesang des Vogels zu, dann ...

Alberto (kopfschüttelnd): Quatsch, Wiesenpieper! Ein Rotkehlchen ist das.

Riccardo: Was denn, Rotkehlchen? ... Das Rotkehlchen macht so. (pfeift)

Alberto: Wie macht das Rotkehlchen?

Riccardo pfeift noch einmal.

Alberto: Das Rotkehlchen macht so ... (ahmt den Gesang des Rotkehlchens nach).

Riccardo zuckt nervös die Schultern, dann bemerkt er, daß Fausto verschwunden ist.

Riccardo: Fausto!

Freies Feld. Außen. Tag.

Fausto, schon weit weg, läuft einen Feldweg entlang.

Bauernhaus. Außen. Tag.

Ein Bauernhaus mit einem Vordach, unter welchem ein Heuwagen, Geräte und ein altes Fahrrad stehen. Fausto kommt angerannt und verschwindet im Haus.

Sprecher (off): Aber auch hier, bei der Amme, hatte man Sandra nicht gesehen.

Fausto erscheint wieder in der Tür und tritt verwirrt auf den Vorplatz hinaus, gefolgt von einer Bäuerin, die sich mit der Schürze die Augen trocknet.

Sprecher (off): Fausto bekam es mit der Angst zu tun.

Die Kamera fährt den Feldweg entlang, der zur Straße führt, und auf welchem jetzt Riccardo, Leopoldo und Alberto angelaufen kommen. Faustos Anblick sagt ihnen, daß Sandra nicht da ist.

Die Amme läuft jammernd um Fausto herum.

Amme: Mein armes Mädchen! ... Arme Sandra! ... Heilige Madonna, hilf ihr!

Fausto (zu Riccardo): Fahren wir zurück.

Riccardo (bedauernd): Der Wagen springt nicht an. Die Benzinzuleitung ist verstopft ... wir müssen den Vergaser ausbauen.

Fausto wendet sich um und sieht unter dem Vordach das an die Wand gelehnte Fahrrad.

Fausto (zur Amme, entschlossen): Kann ich das Rad nehmen?

Er nimmt es.

Während die Amme hinter Fausto her läuft und auf ihn einredet, versucht Riccardo ihn zum Warten zu überreden.

Amme: Ja, mein Sohn, nimm es nur. Es gehört Cesare. Aber

heute braucht er es nicht. Paß auf und fahr nicht zu schnell. Wollt ihr denn nicht was essen? Ein bißchen Salami ... Ich mach euch einen Pfannkuchen.

Riccardo (zu Fausto): So warte doch ... dann kommen wir zusammen zurück.

Fausto (setzt sich auf's Fahrrad): Laßt mich fahren. Entschuldigt.

Er fängt an, in die Pedale zu treten, aber Alberto hält ihn zurück.

Alberto (bagatellisiert): Hör mal, Fausto, Sandra ist zu Hause! Sandra ist zu Hause! Ich wette, was du willst, daß sie zurückgekommen ist.

Fausto (ungeduldig): Laß mich vorbei, los!

Alberto: Jetzt kriegst du wohl Angst. Du hättest früher dran denken sollen.

Fausto (stößt Alberto unsanft beiseite und tritt wieder in die Pedale): Laß mich vorbei, Schwachkopf. Denk an deine Schwester, die nicht mehr zurückgekommen ist.

Alberto (schreit hinter ihm her): Hör mal ... du feiger Hund, du Aas, du widerlicher Kerl!

Rasch in die Pedale tretend, verschwindet Fausto hinter der Biegung des Feldwegs.

Riccardo versucht, Alberto zu beruhigen.

Riccardo: Alberto, komm, komm schon.

Riccardo geht zu der Amme.

Riccardo: Sagten Sie Pfannkuchen?

Amme: Ja.

Riccardo: Und Speck?

Amme: Ja.

Riccardo wendet sich an Alberto, der immer noch beleidigt ist.

Riccardo: Albertone!

Alberto: Laß mich zufrieden!

Riccardo: Und Speck?

Alberto (interessiert): Speck?

Riccardo: Ja.

Alle zusammen gehen sie ins Haus der Amme.

Straße vor dem Haus Rubini. Außen. Tag.

In schneller Fahrt kommt Fausto auf dem Fahrrad daher. An der Gartentür hält er an, stellt das Rad ab, das zu Boden fällt, und läuft schnell den kleinen Weg entlang, der zur Haustür führt. Er verschwindet in der Haustür.

Eingang zum Haus Rubini. Innen. Tag.

Die Haustür ist offen. Fausto stürmt ins Haus und schaut sich suchend um. Das Haus scheint verlassen. Rufend rennt er die Treppe hinauf.

Fausto: Sandra!

Schlafzimmer von Fausto und Sandra. Innen. Tag.

Weder das Ehebett noch das Kinderbettchen sind gemacht.
Auf dem Bett sitzt das Dienstmädchen und weint.
Atemlos und erschöpft kommt Fausto ins Zimmer gestürzt.

Fausto (hastig, verzweifelt): Was ist denn?! Ist niemand da?!

Dienstmädchen (weinend): Sie sind zur Polizei gegangen ... Man sucht sie am Meer.

Fausto (erschrocken): Am Meer? Warum am Meer? Warum am Meer, sag?

Dienstmädchen (weinend): Was weiß denn ich?

Fausto läuft schnell wieder zur Ausgangstür. Das Dienstmädchen, das immer noch weint, fragt ihn:

Dienstmädchen: Was soll denn ich machen? Muß ich das Mittagessen kochen oder nicht?

Fausto ist verwirrt, er antwortet nicht und geht.

Strandpromenade. Außen. Tag.

Mit dem Fahrrad an der Hand geht Fausto langsam die Strandpromenade entlang. Mutlos schaut er aufs Meer hinaus. Bei einem Getränkekiosk bleibt er stehen und sieht sich um. An einem Tisch der kleinen Bar sitzt die Dame aus dem Kino und ruft ihn mit einladender Geste.

Dame: Nanu, Sie! (dann kokett) Sehn Sie, wir sind uns wieder begegnet.

Fausto sieht sie geistesabwesend an.

Fausto (verwirrt): Hä?

Dame: Was ist denn mit Ihnen? Sie laufen ja unrasiert in der Gegend herum. Ja, ja, das Schicksal! Wo laufen Sie denn hin? Ins Kino?

Fausto (murmelt): Nein.

Dame (mit Betonung): Ich geh nach Hause . . . Wollen Sie ein Kavalier sein? (zeigt auf ein Paket) Und mir dieses Paket tragen?

Fausto sieht die Dame immer noch geistesabwesend an und beginnt dann zu stammeln.

Fausto: Nein, entschuldigen Sie. Nein, Signora. Ich kann wirklich nicht. Ich muß weg! (Er wendet sich um und geht, sein Fahrrad neben sich herschiebend.)

Am Meer. Außen. Tag.

Der weite Strand mit den Baracken und der Mole im Hintergrund. In der Hoffnung, jemanden zu sehen, schaut Fausto umher. Aber der Strand liegt verlassen. Nur eine geordnete Gruppe kleiner Seminaristen, begleitet von zwei Priestern, läuft das Ufer entlang.

Fausto kehrt wieder um, ratlos und noch niedergeschlagener.

Straße vor dem Haus Rubini. Außen. Tag.

Fausto kommt auf dem Fahrrad an, steigt ab und schiebt es auf den Gartenweg. Unter der Haustür begegnet er Moraldo. Die beiden sehen sich lange unverwandt an. Fausto ist völlig durcheinander; schließlich wagt er die Frage.

Fausto (halblaut): Ist ... ist sie zurückgekommen?!

Moraldo schüttelt den Kopf und bedeutet Fausto, daß er vorbei will. Fausto lehnt sich gegen die Haustür.

Fausto (halblaut): Wenn sie nicht zurückkommt, bring ich mich um ...

Moraldo wirft ihm einen verächtlichen Blick zu.

Moraldo (grinst kurz): Du? Du bringst dich schon nicht um, du Feigling ...

Mit einer entschlossenen Bewegung schiebt er Fausto beiseite und geht zur Gartentür.

Kleine Kirche. Außen. Abenddämmerung.

Die Tür der kleinen Kirche ist geschlossen. Fausto geht zur Tür und will eintreten, aber die Tür öffnet sich nicht. Automatisch schaut er nach oben, so, als hoffe er, daß ihm irgend jemand den Schlüssel herunterwerfen würde. Eine alte Frau bleibt stehen.

Alte: Sie ist geschlossen ...

Die Alte entfernt sich.

Straße vor dem Devotionaliengeschäft. Außen. Abenddämmerung.

Fausto läuft wie ein Betrunkener. Er kommt vor dem Schaufenster des Geschäfts von Signor Michele vorbei. Er starrt es unbeweglich an, dann öffnet er die Glastür und geht hinein. Signor Michele steht überrascht auf und bleibt an seinem Platz stehen. Niemand ist im Geschäft. Fausto geht auf Signor Michele zu und platzt heraus ...

Fausto: Signor Michele ...

Er möchte weiterreden, da schüttelt ihn plötzlich ein heftiges Schluchzen. Er läßt den Kopf sinken und beginnt zu weinen.

Signor Michele: Was ist los?
Fausto (schluchzend): Sandrina ist nicht mehr zu finden.

Landstraße. Außen. Abenddämmerung.

Riccardo, Leopoldo und Alberto, aufgekratzt und angesäuselt von Wein und Sonnenschein, fahren im Auto in die Stadt zurück. Alberto, im Wagen stehend, schaut oben aus dem offenen Verdeck.
Straßenarbeiter sind dabei, Schäden zu reparieren und die Straße neu zu pflastern.
Alberto (ruft ihnen im Vorbeifahren zu): Schwerarbeiter ...
Er macht mit dem Mund ein Furzgeräusch.
Die überraschten Straßenarbeiter hören sogleich auf zu arbeiten, sie stoßen zornige Worte hervor.
Alberto (off): ... Schwanzarbeiter!
Die Arbeiter sehen dem Wagen nach.

Auto. Innen. / Landstraße. Außen. Dämmerung.

Leopoldo und Alberto singen.
Plötzlich stottert der Motor; der Wagen bleibt stehen. Riccardo ist beunruhigt.
Riccardo: Verdammt, was hat die Karre?
Alberto (besorgt): Was ist los? Hältst du an?
Alberto wirft einen Blick zurück.
Riccardo: Steig aus und mach die Haube auf!
Alberto: So tu doch was!
Riccardo: Was soll ich denn machen?
Alberto springt aus dem Wagen und geht auf die Motorhaube zu. Er dreht sich um und sieht die Arbeiter. Sie stehen unbeweglich da und schauen, was los ist; ob der Wagen weiterfährt oder nicht.
Alberto wird ungeduldig.
Statt die Motorhaube zu öffnen, weicht Alberto zwei Schritte zurück.
Alberto (schreit): Sie kommen!
Nach einigen Schritten schlägt Alberto einen Haken und läuft

quer über die Felder davon. Von Albertos Ruf aufgeschreckt, setzt sich die kleine Rotte der Arbeiter in Bewegung. Sie schwingen Werkzeuge und schreien wie Indianer.
Riccardo dreht sich um, springt aus dem Wagen und läuft hinter Alberto her.
Leopoldo merkt erst jetzt, was passiert. Statt oben aus dem Wagen zu springen, benützt er die Tür. Die jüngeren Arbeiter sind schon bedrohlich nahe. Leopoldo möchte abhauen, kapiert, daß er erwischt würde, und noch bevor die Arbeiter ganz herangekommen sind, zeigt Leopoldo auf Riccardo und Alberto, die über die Felder davonlaufen.

Leopoldo (ruft): Dort sind sie ... da laufen sie!

Zwei Arbeiter packen und schütteln ihn.

Arbeiter: Mach schon, jetzt kannst du furzen!

Leopoldo (außer sich): Das würde ich mir nie erlauben. Ich ... ich habe nichts damit zu tun ... (mit einem schiefen Lächeln) Ich bin Sozialist ...

Von einem Arbeiter mit Fußtritten verfolgt, gelingt es Leopoldo zu entwischen.
Andere Arbeiter haben mit Gebrüll die Verfolgung von Riccardo und Alberto aufgenommen.

Straße vor Faustos Haus. Außen. Nacht.

Vor der offenen Haustür von Faustos Elternhaus steht die kleine Schwester und schaut nach links und rechts, als erwarte sie jemanden.
Sie wird auf etwas aufmerksam, ihr Gesichtsausdruck erhellt sich und sie läuft auf Fausto und Signor Michele zu, die die Straße entlangkommen. Fausto ist am Ende seiner Kräfte, schlurfend schleppt er sich hinter Signor Michele her.

Faustos kleine Schwester (ruft): Fausto? Suchst du noch nach Sandra? Sie ist hier ... bei uns! Komm!

Ein Lächeln flackert auf in Faustos Gesicht, er schielt nach Signor Michele und rennt dann plötzlich auf das Haus zu. Er stürmt durch die Tür ins Eßzimmer.

Fausto (ruft): Sandra!

Eßzimmer in Faustos Haus. Innen. Nacht.

Mit dem Kind auf dem Arm sitzt Sandra im Hintergrund des Zimmers. Sie ist blaß und hat vom Weinen verschwollene Augen. Fausto bleibt einen Augenblick unbeweglich in der Türe stehen. Mit einem gerührten Lächeln will er auf Sandra zustürzen, als ihm sein Vater den Weg vertritt.

Fausto: Sandrina!

Vater: Bleib stehn! (zu Sandra) Sandra, tu mir einen Gefallen. Geh da rüber mit dem Kind.

Der Vater führt die zögernde Sandra und die eigene kleine Tochter ins Nebenzimmer.

Faustos Schwester (flehend): Papa, laß mich hierbleiben.

Der Vater schließt ruhig die Tür und zieht sich die Jacke aus.

Fausto (feige): Papa, wenn Sie wüßten, was ich für einen Tag verbracht habe!

Der Vater antwortet nicht. Er schnallt sich seinen Hosengürtel ab und nähert sich Fausto, der ihn erschrocken ansieht und zurückweicht.

Fausto (mit weinerlicher Stimme): Aber Papa, was machen Sie denn?

Den Lederriemen schwingend, stürzt sich der Vater auf ihn. Im Zimmer nebenan hören Sandra, Signor Michele und die kleine Schwester die flehenden Schreie Faustos, der verprügelt wird. Sandra ist entsetzt.

Sandra: O Gott, hören Sie das nicht?!

Signor Michele (schwindelt): Nein, ich höre nichts!

Sandra: Aber er schlägt ihn doch! Lassen Sie mich gehn! Lassen Sie mich gehn!

Signor Michele: Nein! Sie diskutieren nur miteinander. Sie sind etwas lebhaft! Aber das ist so unter Männern!

Sandra spricht aufgeregt weiter, während Signor Michele versucht, sie zurückzuhalten.

Einen kleinen Augenblick lang erscheint Fausto in der Türe, er macht einen Fluchtversuch. Aber Signor Michele stößt ihn entschlossen zurück und schließt die Tür wieder.

Der Vater schlägt weiter auf Fausto ein, der sich vergeblich zu verteidigen versucht.

Fausto (flehend): Nein, Papa, nicht!

Faustos Schreie erfüllen Sandra mit Besorgnis, sie ist entsetzt.

Die kleine Schwester lacht vergnügt bei dem Getümmel.
Fausto hat einen Stuhl gepackt und will sich damit vor den Schlägen des Vaters schützen. Aber der reißt ihn ihm aus der Hand und drischt weiter.

Fausto: Ich bitte dich, Papa, nicht!

Signor Michele, der offensichtlich erfreut ist über die Lektion, die Fausto erhält, will Sandra weiterhin daran hindern, ihrem Mann zu Hilfe zu kommen.

Sandra: Er bringt ihn ja um!

Signor Michele: Aber nein, das kann ihm gar nicht schaden ... im Gegenteil, ich glaube ... (zum Kind, das weint) Oh, armes Kleines, armes Kleines ...

Sandra hält es nicht mehr aus, sie reicht das Kind Signor Michele.

Sandra: Hören Sie, seien Sie so gut, und halten Sie mir einen Augenblick lang das Kind.

Sie rennt durch die Tür und läuft schreiend auf den Schwiegervater zu, der über Fausto gebeugt, diesen immer noch schlägt. Sie packt ihn am Arm und schiebt ihn beiseite. Dann setzt sie sich neben ihren Mann. Die beiden umarmen sich.

Sandra (schreiend): Genug, Papa. Es ist genug ...

Benommen und keuchend geht Faustos Vater auf Signor Michele zu, der mit dem Kind auf dem Arm in der Türe erschienen ist und so tut, als sei nichts geschehen.

Signor Michele: Gestatten Sie, ich bin Michele Conti. (er wirft einen verstohlenen Blick auf Fausto und Sandra) Sehr erfreut ...

Fausto und Sandra sitzen eng umschlungen auf dem Diwan; sie weinen gemeinsam.

Fausto (weinend): Du hast mir solche Angst eingejagt.

Sandra: Hat er dir weh getan, Fausto?

Fausto: Nein, nein ... Wie geht es dir?

Straße vor Faustos Haus. Außen. Nacht.

Die Tür von Faustos Haus öffnet sich, und Fausto tritt heraus mit Sandra, die das Kind im Arm hält.
In der Tür stehen der Vater und die kleine Schwester von Fausto und verabschieden sich von ihnen.

Sandra und Fausto gehen auf der Straße davon, von Zeit zu Zeit wenden sie sich um und winken.
Fausto hat ein blaues Auge und ein Pflaster auf der Wange.

Fausto: Du hast mir soviel Kummer gemacht, Sandra. Nochmal halt ich das nicht aus.

Sandra (streng): Und du!? Wenn du mich noch einmal wütend machst ... mach ich's genauso wie dein Vater ... und noch schlimmer!

Fausto bleibt lächelnd stehen, Sandra erscheint ihm in einem neuen Licht. Sie ist nicht mehr das kleine Mädchen, das unterwürfig und demütig jedes Unrecht hinnimmt und die Rolle der Unglücklichen spielt.

Sandra (entschlossen): Ich werde dich totschlagen!

Fausto betrachtet sie noch einmal.

Fausto (lächelnd): So gefällst du mir! Gib mir das Kind.

Er nimmt das Kind auf den Arm, dann sieht er Mirella am Fenster.

Fausto: Ciao, Mirella, ciao.

Sandra: Ciao, Mirella.

Fausto und Sandra gehen die Straße entlang weiter.

Sprecher (off): Hier endet die Geschichte von Fausto und Sandra. Und die von Leopoldo, Alberto und Riccardo, die Geschichte von uns allen, Ihr könnt's euch selber ausmalen. Wir sprachen immer davon, fortzugehen, aber ein einziger fuhr eines Morgens, ohne irgend jemandem auch nur ein Wort zu sagen, wirklich fort.

Bahnsteig. Außen. Morgengrauen.

Eine Signalglocke kündigt einen Zug an.
Ohne Hut, den Kragen seines Mantels hochgeschlagen und mit einem Koffer in der Hand steht Moraldo auf dem Bahnsteig.
Die Glocke hört auf zu läuten. Es ist plötzlich still. Moraldo schaut die Geleise entlang, wo man in einiger Entfernung rasch und leise den Zug näher kommen sieht.
Dampfschnaubend fährt der Zug in den Bahnhof ein und hält. Moraldo öffnet ein Abteil dritter Klasse und will eben einsteigen; in diesem Augenblick ruft ihn jemand.

Kleiner Bahnarbeiter: Moraldo! Moraldo! Moraldo!

Moraldo wendet sich um und sieht neben sich ein kleines aufgewecktes Gesicht unter einem verschmierten Mützenschirm. Es ist der kleine Bahnarbeiter, der ihn überrascht ansieht. Der Zug pfeift.

Junge: Wo gehst du hin? Fährst du weg?

Moraldo: Guido! Ja, ich fahre weg.

Junge: Wohin fährst du?

Moraldo (ausweichend): Ich weiß nicht. Ich fahre weg. Ich weiß es nicht.

Moraldo steigt in den Zug. Der Zugführer kommt und schließt die Abteiltüren.

Stationsvorstand: Einsteigen! Einsteigen!

Auf dem Bahnsteig, vor der geschlossenen Abteiltür, steht der Junge. Auf seinem Gesicht liegt ein ungläubiges Lächeln.

Moraldo steht jetzt am Fenster. Der Zug setzt sich in Bewegung. Der Junge läuft neben dem Zug her, als würde er von Moraldo angezogen.

Junge: Was willst du denn machen?

Moraldo: Ich weiß nicht. Ich muß weg. Ich geh weg.

Junge: Ging es dir hier nicht gut?

Moraldo antwortet nicht.

Junge: Ciao, Moraldo. Ciao! Leb wohl!

Moraldo (gerührt): Leb wohl, Guido!

Junge (aus der Entfernung): Ciaooo!

Der Junge bleibt stehn und winkt grüßend und mit unsicherem Lächeln. Die Fahrt des Zuges wird schneller.

Bahnstrecke. Außen. Morgendämmerung.

Am Fenster stehend sieht Moraldo die Bahnsteigdächer vorüberhuschen, die Eisenbahnbrücke, über die der Zug poltert und die weißgestrichenen Häuser des Städtchens, die still im dämmrigen Licht des Morgens liegen.

Auf Moraldos Gesicht liegt ein Schatten tiefer Wehmut.

In vier kurzen, ineinander übergehenden Einstellungen tauchen die folgenden Schläfer in ihren Betten auf, während man weiterhin das Rattern des Zuges hört . . .

Leopoldos Zimmer. Innen. Dämmerung.

Leopoldo schläft, mit einem Buch auf dem Kissen. Die Nachttischlampe brennt noch.

Riccardos Zimmer. Innen. Dämmerung.

Riccardo schläft, sein Kissen umarmend.

Albertos Zimmer. Innen. Dämmerung.

Alberto liegt im Bett und schnarcht.

Zimmer von Sandra und Fausto. Innen. Dämmerung.

Sandra und Fausto schlafen. Zwischen ihnen liegt das Kind.

Eisenbahnstrecke. Außen. Dämmerung.

Aus dem fahrenden Zug sieht man das letzte Haus des Städtchens im heller werdenden Licht des Morgens entschwinden. Moraldo lehnt sich ein letztes Mal aus dem Fenster und streckt die Hand hinaus zu einem vagen Gruß.

Auf dem Bahnsteig. Außen. Dämmerung.

Der Zug entschwindet am Horizont. Mit einer Pirouette dreht sich der kleine Eisenbahner lustig pfeifend um. Er nimmt seine Laterne wieder auf und hüpft auf eine der Schienen, wie ein Seiltänzer auf ihr entlang balancierend.

Der Film in 54 Bildern

I Vitelloni

1953

Produktion	PEG Films, Cité Films
Regie	Federico Fellini
Idee	Federico Fellini, Ennio Flaiano, Tullio Pinelli
Drehbuch	Federico Fellini, Tullio Pinelli
Bildregie	Otello Martelli, Luciano Trasatti, Carlo Carlini
Dekor	Mario Chiari
Musik	Nino Rota
Schnitt	Rolando Benedetti

Darsteller

Die Vitelloni:	
Franco Interlenghi	Moraldo
Alberto Sordi	Alberto
Franco Fabrizi	Fausto
Leopoldo Trieste	Leopoldo
Riccardo Fellini	Riccardo
Die Verwandten der Vitelloni:	
Eleonora Ruffo	Sandra
Jean Brochard	Faustos Vater
Claude Farell	Albertos Schwester
Carlo Romano	Signor Michele
Enrico Viarisio	Sandras Vater
Paola Borboni	Sandras Mutter
Die Frauen der Vitelloni:	
Lida Baarova	Signora Giulia
Arlette Sauvage	Dame im Kino
Vira Silenti	kleine Chinesin
Maja Nipora	Soubrette
in weiteren Rollen:	
Achille Majeroni	alter Schauspieler
Silvio Bagolini	Giudizio
Guido Martufi	
Milvia Chianelli	
Franca Gandolfi	

Coca-Cola
CARPA

MARTINI
MARTINI

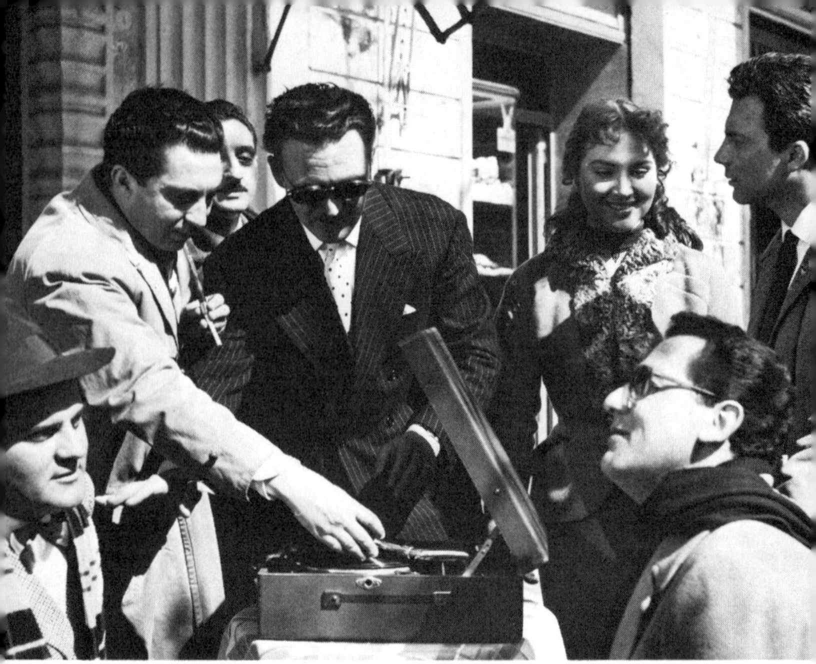

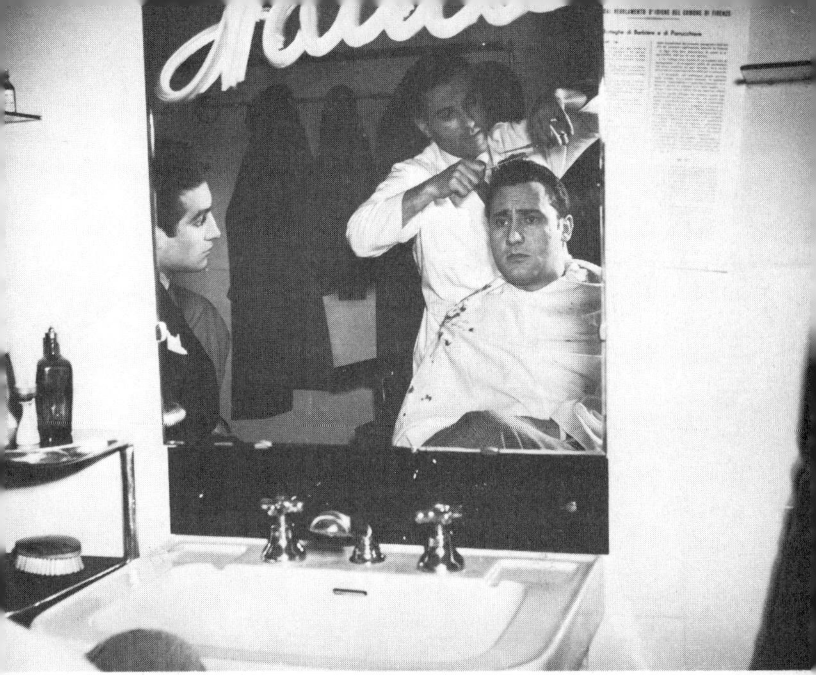

CARNEVALE

PIANO

7

Fellini über ›I Vitelloni‹

[...] Mittlerweile aber sind die Vitelloni über all ihrem Geschwafel und den bis zum Überdruß wiederholten Jungenstreichen satte dreißig geworden. Sie brillieren während der drei Monate Badesaison, und der Rest des Jahres ist mit dem Warten auf diese Zeit und der Erinnerung daran ausgefüllt.
Sie sind meine Freunde, und ich liebe sie. Eines Abends kam ich mit meinen Mitarbeitern Flaiano und Pinelli auf sie zu sprechen, und als Ex-Vitellone hatte jeder von uns eine Menge dazu zu erzählen. Nach einer ganzen Reihe von Geschichten überfiel uns am Schluß tiefe Melancholie. Und so haben wir einen Film daraus gemacht.

Aus ›La Revue du Cinéma‹, Nr. 246, Paris, Januar 1971; deutsch von Linde Birk

Wenn ich mir eine Geschichte ausdenke, habe ich im allgemeinen recht genau im Kopf, welche Hauptdarsteller die Interpreten meiner Figuren sein werden. Zum Beispiel ›I Vitelloni‹ wurde eigens Sordi, Trieste, Interlenghi und meinem Bruder auf den Leib geschrieben ... Die einzige Figur, von der ich, als ich das Drehbuch schrieb, noch nicht wußte, von wem sie gespielt werden würde, war die, die wir dann Franco Fabrizi anvertraut haben. Ich machte viele Probeaufnahmen und entschied mich dann für Franco.

Aus ›Bianco e Nero‹, Jahrgang XIX, Nr. 5, Rom, Mai 1958; deutsch von Dieter Schwarz

Mein lieber Pater*, Sie haben mich um einige Angaben über die geistige Konzeption meiner Filmwelt gebeten.
Es ist nicht leicht, auf diese Frage eine Antwort zu geben, da ich nie die Absicht gehabt habe, in meinen Filmen eine besondere Lebensauffassung vorzutragen.
Ich könnte höchstens soviel sagen: Ich bin ein Mensch wie alle andern, der eine persönliche Erfahrung lebt; ein Mensch, der die Umwelt betrachtet mit Demut, mit Achtung, mit naiver Neugierde und vor allem mit Liebe. Aus dieser Liebe erwächst die Zärtlichkeit und das Mitgefühl, das ich für alle Geschöpfe empfinde, denen ich begegne. Ich bin kein Pessimist und will es auch nicht sein, aber ich habe eine Vorliebe für jene, welche mehr lei-

* Dr. Charles Reinert, Schweizer Jesuit, Filmpublizist.

den, für die Opfer der Schlechtigkeit, der Ungerechtigkeit und des Trugs.
Es geht mir nicht darum, irgend jemanden zu verurteilen, vielmehr möchte ich mit der Welt meiner Intuitionen und mit der Gabe meiner Erfahrungen allen helfen. Die Gestalten meiner Filme sind alle geboren aus dem menschlichen Kontakt; aus den Stimmen, welche ich in mir und um mich herum vernehme und zusammenfasse; aus einem tiefen Bedürfnis, eine Antwort zu geben, ohne ihre Erwartungen zu enttäuschen.
Vielleicht besteht meine geistige Welt gerade in diesem instinktiven Verlangen, jenen Gutes zu tun, die nur das Schlechte kennen; niemanden in der Verzweiflung zu lassen; für alle jederzeit eine Hoffnung und die Möglichkeit eines besseren Lebens aufleuchten zu lassen, in allen, auch in den Verdorbensten, einen Kern von Güte und Liebe aufzudecken.
Bei der Ausführung dieser zutiefst menschlichen und allgemeinen (allgemeingültigen) Themen finde ich mich oft vor Leiden und Schicksalsschlägen, welche über das Maß unserer Kräfte hinausgehen. Gerade dann entspringt die Intuition und der Glaube an die Werte, welche unsere Natur übersteigen. Da genügen nicht mehr das weite Meer und der ferne Himmel, welche ich in meinen Filmen so sehr liebe: jenseits des Meeres und jenseits des Himmels – sei es im unvermittelten Erleben einer Angst oder in der süßen Wonne des Weinens – wird Gott erahnt, seine Liebe und seine Gnade, nicht so sehr als Aufschwung theologischen Glaubens, sondern als tiefes Bedürfnis der Seele.
Nur so glaube ich den Leidenden gegenüber ehrlich zu sein, und nicht mit menschlichen Zerstreuungen, die nur Versprechen und Berechnung sind, jene zu verraten, welche im Leben immer geschlagen, ausgebeutet, verflucht und vom Unglück verfolgt worden sind.
Wenn der lyrische Auftrag der Inspiration, die immer eine Tat der Liebe ist, mir in meinen Filmen erlaubt, auf ein weinendes Antlitz ein Lächeln zu zaubern; dem sich Verlierenden die Hand zu reichen; dem auf allen Straßen Verirrten den Weg zu weisen; dem Wahnträumenden ein Ideal aufzuzeigen; wenn es mir gelingt, die Abenteuer des Lebens ihrer Täuschungen zu entkleiden, dann habe ich den Eindruck, niemanden verraten, sondern vielmehr Gutes getan zu haben, und zwar mir selber noch mehr als den andern.

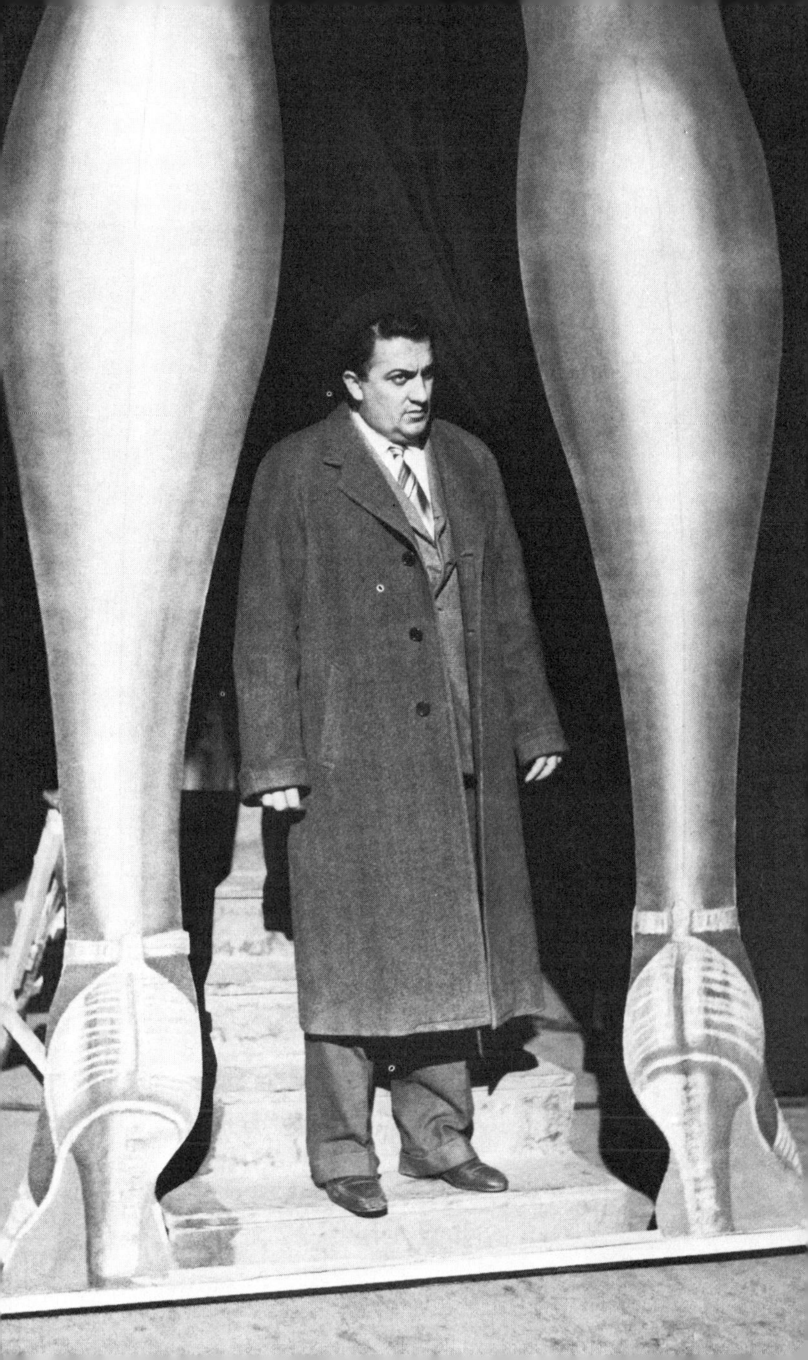

Meine Filme entfalten sich nicht nach einer logischen Handlungsfolge, sondern in der Dimension der Liebe: sie legen nicht den Akzent auf die Polemik, die ich ablehne, und sie lassen sich nicht als eine Botschaft definieren, die andern aufzuzwingen mir fernliegt.
›Lo sceicco bianco‹, ›I vitelloni‹, ›La strada‹, ›Il bidone‹, ›Le notti di Cabiria‹ stammen von einem gemeinsamen Vater. In diesem Sinne sind sie alle gleich und alle doch verschieden ...
[...]
Die Antwort auf Ihre Frage nach der geistigen Konzeption meiner künstlerischen Welt will ich, lieber Pater, meinen Filmen überlassen.

Aus ›Der Filmberater‹, Nr. 15, Zürich, September 1957; deutsch von Charles Reinert

Hat Sie der Erfolg von ›La Strada‹ in Amerika überrascht?
Nein, der Erfolg von ›I vitelloni‹ hat mich viel mehr überrascht. ›La Strada‹ war schon weit und breit aufgeführt worden und hatte gute Kritiken in Europa gehabt, so daß die Aufnahme in den Staaten mich nicht überraschte. Aber ›I Vitelloni‹ ist älter, spezieller; die Geschichte von Jugendlichen, die dem Leben nicht mehr abgewinnen können als die Befriedigung ihrer animalischen Gelüste, schlafen, essen, herumhuren. Ich habe versucht zu zeigen, daß es noch etwas mehr gibt, daß es immer mehr gibt. Das Leben muß einen Sinn haben, der über das Animalische hinausgeht. Aber ich hätte nicht geglaubt, daß ein Publikum, das keine Ahnung vom Leben der Jugendlichen in einer italienischen Stadt hat, diesen Film verstehen würde.
Vielleicht ist die Geschichte von ›I Vitelloni‹ die Geschichte von Jugendlichen überall? Könnte das seinen Erfolg erklären helfen?
Vielleicht.

Aus einem Interview mit George Bluestone, ›Film Culture‹, Vol. III, Nr. 3 (13), Oktober 1957; deutsch von Peter Naujack

Ich hänge mein Herz an die Gestalten meiner Filme, und wenn ich den Film gemacht habe, phantasiere ich weiter von anderen Geschichten, die das Leben dieser Figuren betreffen ... und dann mache ich sie lieber doch nicht. Diejenige Gestalt aber, die weitergehende Entwicklungen bieten könnte (bis jetzt aber hat sie sie noch nicht gehabt), ist Moraldo. An diese Gestalt hatte ich für einen Film gedacht, der eben den Titel ›Moraldo in città‹ haben sollte und eine Fortsetzung der ›Vitelloni‹ gewesen wäre. Es handelte sich um die Erlebnisse Moraldos in Rom, und das waren die Erlebnisse eines jungen Mannes auf der Suche nach sich selbst, das heißt, eines jungen Mannes ohne Glauben, ohne Vorurteile, ohne Überzeugungen, der vollkommen frei ist wie ein Tierchen, das sich zum ersten Mal auf der Suche nach einem Sinn des Lebens in den Wald wagt. Dann habe ich den Film doch nicht gemacht, und ich glaube, ich werde ihn auch nicht mehr machen, weil ich diesen Sinn des Lebens noch nicht gefunden habe und also nicht weiß, wie der Schluß von Moraldos Geschichte sein könnte. An dem Tag, da ich meinen werde, meinen Schluß gefunden zu haben, das heißt, einen Schluß, den ich den anderen anbieten kann, ist es möglich, daß ich ›Moraldo in città‹ drehe.

Aus ›Bianco e Nero‹, Jahrgang XIX, Nr. 5, Rom, Mai 1958; deutsch von Dieter Schwarz

Federico Fellini im Diogenes Verlag

Roma
Drehbuch. Mit 50 Fotos. Deutsch von Toni Kienlechner.
detebe 55/I

Das süße Leben
Drehbuch. Mit 57 Fotos und mit Texten von Fellini.
Deutsch von Eva Rechel-Mertens, Toni Kienlechner u. a.
detebe 55/II

8 1/2
Drehbuch. Mit 50 Fotos und mit Texten von Fellini.
Deutsch von Eva Rechel-Mertens, Toni Kienlechner, François Bondy u. a.
detebe 55/III

Julia und die Geister
Drehbuch. Mit 66 Fotos und mit Texten von Fellini.
Deutsch von François Bondy, Margaret Carroux, Toni Kienlechner, Eva Rechel-Mertens u. a.
detebe 55/IV

Amarcord
Drehbuch. Mit 62 Fotos, Treatment und Texten von Fellini. Deutsch von Margaret Carroux, Eva Rechel-Mertens, Inez De Florio-Hansen u. a.
detebe 55/V

Aufsätze und Notizen
Herausgegeben von Anna Keel und Christian Strich.
Mit einer kompletten FF-Filmographie.
detebe 55/VI

Casanova
Drehbuch. Mit 54 Fotos und mit Texten von Fellini.
Deutsch von Inez De Florio-Hansen, Thomas Bodmer u. a.
detebe 55/VII

La Strada
Drehbuch. Mit 55 Fotos und mit Texten von Fellini.
Deutsch von Georg-Ferdinand von Hirschau, Thomas Bodmer und Dieter Schwarz.
detebe 55/VIII

Die Nächte der Cabiria
Drehbuch. Mit 53 Fotos und mit Texten von Fellini.
Deutsch von Olga Gloor und Dieter Schwarz.
detebe 55/IX

I Vitelloni
Drehbuch. Mit 56 Fotos und mit Texten von Fellini.
Deutsch von Georg-Ferdinand von Hirschau
und Thomas Bodmer.
detebe 55/X

In Vorbereitung:

Luci del Varietà – Der Weiße Scheich – Eine Agentur für Heiratsvermittlung – Il Bidone – Die Versuchungen des Dottor Antonio – Toby Dammit – Satyricon – Die Clowns – Interviews

Außerdem liegen vor:

Casanova
Federico Fellinis verhaßter und verherrlichter Frauenheld. Mit einem Essay von Stefan Zweig, Zitaten aus Casanovas Memoiren, Texten von D. H. Lawrence bis Federico Fellini, Interviews mit modernen Casanovas und Wissenschaftlern sowie zahlreichen Fotos

Federico Fellini's Zeichnungen
Einhundertachtzig Entwürfe für Figuren, Dekorationen und Kostüme; Telefonzeichnungen und Graffiti.
Mit einem Vorwort von Roland Topor.
52. Werk im ›Club der Bibliomanen‹

Federico Fellini's Filme
Über 450 Bilder aus seinen fünfzehneinhalb Filmen.
Mit kompletter Filmographie und Inhaltsbeschreibungen.
Vorwort von Georges Simenon. Herausgegeben von Christian Strich.
53. Werk im ›Club der Bibliomanen‹

Liliana Betti
Federico Fellini
Ein Porträt. Deutsch von Inez De Florio-Hansen

Diogenes Taschenbücher

Alphabetisches Verzeichnis

detebe-Kassetten

Titel mit * sind Erstausgaben oder deutsche Erstausgaben.
Titel mit o sind auch als Studienausgaben empfohlen.

Diogenes Kinder-Taschenbücher

Alphabetisches Verzeichnis

Diogenes Taschenbücher

80/I Chaval, *Zum Lachen*
80/II Chaval, *Zum Heulen*
80/III Chaval, *Hochbegabter Mann*
81 o Friedell, *Die Rückkehr der Zeitmaschine*
82 Loriot, *Kleiner Ratgeber*
83 o *Das Tintenfaß, Nr. 24* *
84 Sempé, *Volltreffer*
85/I o O'Connor, *Und freitags Fisch*
85/II o O'Connor, *Mein Ödipus-Komplex* *
85/III o O'Connor, *Don Juans Versuchung* *
85/IV o O'Connor, *Eine unmögliche Ehe* *
85/V o O'Connor, *Eine selbständige Frau* *
85/VI o O'Connor, *Brautnacht* *
86 Faulkner, *Der Springer greift an*
87 Quentin, *Bächleins Rauschen tönt so bang*
88 Hare, *Mörderglück*
89 Geen, *Tolstoi wohnt in 12N B9* *
90/I o D. H. Lawrence, *Der preußische Offizier* *
90/II o D. H. Lawrence, *England, mein England* *
90/III o D. H. Lawrence, *Die Frau, die davonritt* *
90/IV o D. H. Lawrence, *Der Mann, der Inseln liebte* *
90/V o D. H. Lawrence, *Der Fremdenlegionär* *
90/VI o D. H. Lawrence, *Der Fuchs*
90/VII o D. H. Lawrence, *Der Hengst St. Mawr*
90/VIII o D. H. Lawrence, *Liebe im Heu* *
91 Price, *Der kleine Psychologe*
92 Childers, *Das Rätsel der Sandbank* *
93/I Buchan, *Die neununddreißig Stufen*
94 Siné, *Katzenjammer*
95/I-VII o Molière, *Komödien in 7 Bänden* *
96 o Schnitzler, *Spiel im Morgengrauen*
97/I o Fitzgerald, *Der große Gatsby*
97/II o Fitzgerald, *Der letzte Taikun*
98/I Millar, *Liebe Mutter, es geht mir gut*
98/II Millar, *Die Feindin*
99/I Macdonald, *Dornröschen war ein schönes Kind* *
99/II Macdonald, *Unter Wasser stirbt man nicht*
99/III Macdonald, *Ein Grinsen aus Elfenbein*
99/IV Macdonald, *Die Küste der Barbaren*
99/V Macdonald, *Der Fall Galton*
99/VI Macdonald, *Gänsehaut*
100 o *Das Tintenfaß, Nr. 25* *
101 Gorey/Phypps, *Das jüngst entjungferte Mädchen*
102/I o O'Faolain, *Sünder und Sänger*
103/I o O'Flaherty, *Armut und Reichtum*
104 Becker, *Russisch Roulette* *
105 o Poe, *Der Untergang des Hauses Usher*
106 Bierce, *Die Spottdrossel*
107 O. Henry, *Glück, Geld und Gauner*
108/I Haggard, *Sie*

109 Hornung, *Raffles – Der Dieb in der Nacht*
110/I Heller, *Herrn Collins Abenteuer*
111 Hearson, *Euer Gnaden haben geschossen?*
112 o Wollschläger, *Karl May*
113 o Wollschläger, *Die Gegenwart einer Illusion* *
114 o Plomer, *Turbott Wolfe*
115 o Lessing, *Hunger* *
116 Richartz, *Das Leben als Umweg* *
117 o *Das Diogenes Lesebuch amerikanischer Erzähler* *
118 o *Das Diogenes Lesebuch englischer Erzähler* *
119 o *Das Diogenes Lesebuch irischer Erzähler* *
120/I *Dolly Dolittle's Crime Club I*
120/II *Dolly Dolittle's Crime Club II*
121 Lodemann, *Anita Drögemöller*
122 o *Das Tintenfaß, Nr. 26* *
123 Ungerer, *Der erfolgreiche Geschäftsmann*
124 Moss/Gorey, *Augenblicke aus dem Leben großer Geister* *
125/I o Maugham, *Honolulu*
125/II o Maugham, *Das glückliche Paar*
125/III o Maugham, *Vor der Party*
125/IV o Maugham, *Die Macht der Umstände*
125/V o Maugham, *Lord Mountdrago*
125/VI o Maugham, *Fußspuren im Dschungel*
125/VII o Maugham, *Ashenden oder Der britische Geheimagent*
125/VIII o Maugham, *Entlegene Welten*
125/IX o Maugham, *Winter-Kreuzfahrt*
125/X o Maugham, *Fata Morgana*
126 Topor, *Der Mieter* *
127 Bradbury, *Der illustrierte Mann*
129 Dumas, *Horror in Fontenay* *
130/I–XL o Balzac, *Die menschliche Komödie*
131 Bellairs, *Das Haus das tickte* *
132 Cullingford, *Post mortem* *
133 Armstrong, *Mein Leben in New Orleans*
134 o Hesse, *Die Fremdenstadt im Süden*
135/I Simenon, *Brief an meinen Richter*
135/II Simenon, *Der Schnee war schmutzig*
135/III Simenon, *Die grünen Fensterläden*
135/IV Simenon, *Im Falle eines Unfalls*
135/V Simenon, *Sonntag*
135/VI Simenon, *Bellas Tod*
135/VII Simenon, *Der Mann mit dem kleinen Hund*
135/VIII Simenon, *Drei Zimmer in Manhattan*
135/IX Simenon, *Die Großmutter*
136 o *Das deutsche Tintenfaß, Nr. 27* *
137 o Shakespeare/Kraus, *Sonette*
138 o Richartz/Widmer, *Shakespeares Geschichten* *
139 o Heine, *Gedichte*
140/I–IV o Schopenhauer, *Die Welt als Wille und Vorstellung I/II*
140/V–VI o Schopenhauer, *Kleinere Schriften*
140/VII–X o Schopenhauer, *Parerga und Paralipomena I/II*
141 o Gogol, *Die toten Seelen*
142 o Melville, *Moby-Dick*

143 o Flaubert, *Briefe*
144 o Baudelaire, *Die Tänzerin Fanfarlo*
145/I–VI Hottinger, *Geschichten für den Connaisseur*
146 o Jiménez, *Herz, stirb oder singe*
147/I–II o D. H. Lawrence, *John Thomas & Lady Jane*
148 Tschukowskaja, *Untertauchen*
150/I o O'Casey, *Ich klopfe an*

mini-detebes

1 *Lektüre für Intelligente* *
2 *Cartoons für Intelligente* *
3 *Das mini-anti-Lesebuch* *
4 *Das kleine Liederbuch* *
5 *Das mini-Krimi-Kompendium* *
6 Sendak, *Zehn kleine Kerlchen* *
I–XXV *Die Diogenes mini-Bibliothek der Weltliteratur* *

detebe-Kassetten

K 1 o Hottinger, *Morde in 3 Bänden*
K 2 o Čechov, *Das erzählende Werk in 10 Bänden* *
K 3 o Hammett, *Sämtliche Romane in 5 Bänden*
K 4 o Chandler, *Sämtliche Romane und mehr in 9 Bänden*
K 5 o Maugham, *Gesammelte Erzählungen in 10 Bänden*
K 6 o D. H. Lawrence, *Sämtliche Erzählungen und Kurzromane in 8 Bänden*
K 7 o Molière, *Komödien und Materialien in 8 Bänden*
K 8 o O'Connor, *Gesammelte Erzählungen in 6 Bänden*
K 9 Chaval, *Gesammelte Cartoons in 3 Bänden*
K 10 o Balzac, *Die menschliche Komödie in 40 Bänden*
K 11 o McCullers, *Werke in 8 Bänden*
K 12 o Schopenhauer, *Werke in 10 Bänden*
K 13 o Busch, *Studienausgabe in 7 Bänden*
K 14 Hottinger, *Geschichten für den Connaisseur in 6 Bänden*
K 15 o Maugham, *Der Menschen Hörigkeit in 2 Bänden*
K 16 o D. H. Lawrence, *John Thomas & Lady Jane in 2 Bänden*
K 17 o Faulkner, *Gesammelte Erzählungen in 5 Bänden*

Titel mit * sind Erstausgaben oder deutsche Erstausgaben.
Titel mit o sind auch als Studienausgaben empfohlen.

Diogenes Kinder-Taschenbücher

1 Hoffmann, *Der Struwwelpeter*
2 Busch, *Max und Moritz*
3 Carroll, *Die kleine Alice* *
4 Leaf, *Ferdinand der Stier*
5 Brunhoff, *Die Geschichte von Babar*
6 Sendak, *Wo die wilden Kerle wohnen*
7 Ungerer, *Die drei Räuber*
8 Gorey/Levin, *Er war da und saß im Garten*
9 Zimnik/Axmann, *Die Geschichte vom Käuzchen*
10 Murschetz, *Der Maulwurf Grabowski*